この本の特色としくみ

　本書は，中学2年生で学習する英語の内容を3段階のレベルに分け，それらをステップ式で学習できる問題集です。各単元は，Step 1（基本問題）とStep 2（標準問題）の順になっていて，章末にはStep 3（実力問題）があります。また，「会話表現」に加えて，巻末には「総仕上げテスト」を設けているため，復習と入試対策にも役立ちます。

重要点をつかもう
文法に関するポイントを簡潔にまとめています。まずはここを読んで理解しましょう。

注意
間違ってしまわないように気をつけましょう。

答え
他にも知っておいた方がよいと思われる内容をまとめています。

確認
「重要点をつかもう」の補足説明や，押さえておきたいポイントなどです。

くわしく
より深く理解できるようポイントをまとめています。

ひと休み
ちょっとした豆知識などを紹介しています。

もくじ

本書に関する最新情報は，小社ホームページにある**本書の「サポート情報」**をご覧ください。（開設していない場合もございます。）
なお，この本の内容についての責任は小社にあり，内容に関するご質問は直接小社におよせください。

1 昨日サッカーをした 〈一般動詞・be 動詞の過去形〉

重要点をつかもう

1 We **played** soccer yesterday. ポイント①

（私たちは昨日，サッカーを**しました**。）

2 **Did** you go there? — Yes, I **did**. / No, I **didn't**. ポイント①

（あなたはそこへ**行きましたか**。— はい，**行きました**。/ いいえ，**行きませんでした**。）

3 I **was** busy yesterday. ポイント②

（私は昨日，忙しかった。）

4 **Were** you here last week? — Yes, I **was**. / No, I **wasn't**. ポイント②

（あなたは先週ここに**いましたか**。— はい，**いました**。/ いいえ，**いませんでした**。）

ポイント① **一般動詞の過去形**…「〜した」など過去の「動作」を言うときは，**動詞を過去形**にする。主語に関係なく次の2種類がある。

①**規則動詞**→動詞の原形の語尾に **ed** をつけるのが基本の形のもの。

②**不規則動詞**→特有の変化をするもの。 go → **went**, come → **came** など

否定文…〈**didn't〔did not〕＋動詞の原形**〉 **疑問文**…〈**Did＋主語＋動詞の原形〜?**〉

ポイント② **be 動詞の過去形**…「〜だった，〜がいた〔あった〕」と過去の「状態」や「様子」を言うときは，**be 動詞の過去形**を使う。主語によって **was**, **were** を使いわける。

・you 以外の単数 → **was**(am, is の過去形) ・you，複数 → **were**(are の過去形)

否定文…〈**was〔were〕＋not**〉 **疑問文**…〈**Was〔Were〕＋主語 〜?**〉

Step 1 基本問題

解答▶別冊 1 ページ

1 [規則動詞の過去形] 次の動詞を過去形にしなさい。

(1) want .... (2) help ....

(3) like .... (4) live ....

(5) study .... (6) stop ....

2 [不規則動詞の過去形] 次の日本文に合うように，......に適切な語を入れなさい。

(1) マイクはこの前の夏に日本に来ました。

Mike .... to Japan last summer.

Guide

 くわしく 規則動詞の過去形の形

・e で終わる語

→ d だけをつける。

like → like**d**

・「子音字 ＋y」で終わる語

→ y を i にかえて ed。

study → stud**ied**

・「アクセントのある短母音＋子音字」で終わる語

→子音字を重ねて ed。

stop → stop**ped**

(2) 私は友達にバースデーカードをあげました。

I _____ a birthday card to my friend.

(3) 昨日，私は手紙を書きました。

I _____ a letter yesterday.

🎮 語句　last 〜「この前の〜」

3 ［be 動詞の過去形］次の英文の（　）内から適切な語を選んで○で囲みなさい。

(1) I (am, was, were) in New York last year.

(2) You (are, was, were) busy yesterday.

(3) My sister (is, was, were) in the library then.

(4) They (are, was, were) at home two hours ago.

🎮 語句　last year「昨年」　busy「忙しい」　library「図書館」　at home「家に」
　　　 〜 ago「〜前」

4 ［否定文の作り方］次の英文を否定文にしなさい。

(1) They helped the foreign students.

----

(2) I went to New York last year.

----

(3) She bought the book for me.

----

(4) Tom was sick yesterday.

🎮 語句　foreign student「留学生」　sick「病気の」

5 ［疑問文の作り方］次の英文を疑問文にしなさい。

(1) He played baseball after school.

----

(2) You saw Kenta at the station.

----

(3) You were at home yesterday.

----

(4) Your father was busy last month.

⚠️ **注意** 不規則動詞の過去形

▶不規則動詞の中には原形と過去形の形がかわらないものもある。

・cut — cut

・put — put

▶ read の過去形は read で，つづりはかわらないが発音が異なる。

　現在形：read[ri:d]

　過去形：read[red]

📖 **参考** 過去を表す語句

・then「そのとき」

・yesterday「昨日」

・last night「昨夜」

・last week「先週」

・last month「先月」

・last year「昨年」

・two days ago「2日前」
　　　　　　　など

🔍 **確認** was, were の使いわけ

▶ was, were は主語の人称（1人称，2人称，3人称）と数(単数，複数)によって使いわける。

🔍 **確認** 否定文・疑問文の作り方

▶否定文

・一般動詞の文…動詞の前に didn't〔did not〕を置く。動詞は原形になる。

・be 動詞の文…be 動詞のあとに not を置く。

▶疑問文

・一般動詞の文…主語の前に did を置く。動詞は原形になる。

・be 動詞の文…be 動詞を主語の前に置く。

1 次の英文の（　）内の語を，必要があれば正しい形に直しなさい。直す必要がないときはそのまま書きなさい。(24点)

(1) Mary (study) English yesterday.

....

(2) Tom (come) to Japan last week.

....

(3) The girl didn't (go) to the library last Saturday.

....

(4) I (visit) my uncle last summer.

....

(5) Did he (take) pictures in the park?

....

(6) I (write) to my aunt last night.

....

(7) What time did you (get) up?

....

(8) The old man (take) a walk yesterday morning.

....

🗨 語句　get up「起きる」　take a walk「散歩をする」

2 次の英文の（　）内から適切な語句を選んで○で囲みなさい。(10点)

(1) Many people (are, was, were) at the party last evening.

(2) My brother (is, was, were) still in bed now.

(3) Where (are, was, were) you last Sunday?

(4) Fred and I (are, was, were) in Japan last year.

(5) You (are not, was not, were not) kind to me yesterday.

🗨 語句　party「パーティー」　still「まだ」　kind「親切な，優しい」

3 次の日本文に合うように，＿＿＿に適切な語を入れなさい。(16点)

(1) 彼は昨夜，早く寝ました。

He .... to bed early last night.

(2) トムは昨日，テレビを見ませんでした。

Tom .... TV yesterday.

(3) 私たちは昨夜，たくさんの星を見ました。

We .... a lot of stars .... night.

(4) 彼らは 5 年前，沖縄に住んでいました。

They .... in Okinawa five years ....

🗨 語句　go to bed「寝る」

第1章
第2章
第3章
第4章
第5章
第6章
第7章
第8章
第9章
第10章
第11章
総仕上げテスト

4 次の日本文に合うように，_____に適切な語を入れなさい。(20点)

(1) 昨日は晴れた日でした。　It _____ a fine day yesterday.

(2) あなたの両親は10年前はまだ若かった。

Your parents _____ still young ten years ago.

(3) 私の父はそのとき医者ではありませんでした。

My father _____ _____ a doctor then.

(4) ケンは先週，病気で寝込んでいました。

Ken _____ ill in bed last week.

(5) あなたの友達は昨年アメリカにいましたか。

_____ your friend in America last year?

🗨 語句　ill in bed「病気で寝込んで」

重要 **5** 次の日本文に合うように，(　)内の語句を並べかえなさい。(30点)

(1) マサルはこの前の日曜日のパーティーで楽しい時間を過ごしました。　〔沖　縄〕

Masaru (good, the party, had, a, time, at) last Sunday.

Masaru _____ last Sunday.

(2) あなたは昨夜，その野球の試合を見ましたか。

(the baseball game, you, last, did, watch) night?

_____ night?

(3) あなたは今朝，朝食に何を食べましたか。

(eat, for breakfast, what, you, this morning, did)?

_____

(4) ジョンは10年前上手なテニスの選手ではありませんでした。

John (not, a, tennis player, ago, was, years, ten, good).

John _____.

(5) 昨日ロンドンの天気はどうでしたか。

(yesterday, London, how, in, the weather, was)?

_____

🗨 語句　have a good time「楽しい時間を過ごす」　game「試合」　weather「天気」

★─☆─★─☆─★─☆─★─☆─★─☆─★─☆─★─☆─★─☆─★─☆─★─☆─★─☆─★

ワンポイント **2** 時を表す語句に注意。now とあるときは現在の文。主語の数(単数，複数)も be 動詞を見わけ
るポイント。

5 (3)「何を〜しましたか。」＝〈What＋did＋主語＋動詞の原形〜?〉

2 私はテレビを見ていた 〈過去進行形〉

🎯 重要点をつかもう

1 I **was watching** TV at that time. 🔍ポイント❶

（私はそのときテレビを見ていました。）

2 They **were swimming** in the sea. 🔍ポイント❷

（彼らは海で泳いでいました。）

3 **Were** you **eating** lunch at that time? 🔍ポイント❸

（あなたはそのとき昼食を食べていましたか。）

🔍**ポイント❶** **過去進行形**…〈**was**〔**were**〕**＋～ing**〉の形。「～していた」という過去のある時点で進行中だった動作を表す。

　　　　　　〈**現在進行形**〉　　　　　　　　　〈**過去進行形**〉

　　　I **am** watching TV now.　　　　I **was** watching TV at that time.

　　　「私は今，テレビを見ています。」　「私はそのとき，テレビを見ていました。」

🔍**ポイント❷** **～ing 形の作り方**

動詞の語尾	ing のつけ方	例
大部分の語	語尾に ing	play → play**ing**　watch → watch**ing**　など
e で終わる語	e をとって ing	com<u>e</u> → com**ing**　writ<u>e</u> → writ**ing**　など
短母音＋子音字	子音字を重ねて ing	get → get**ting**　run → run**ning**　など
ie で終わる語	ie を y にかえて ing	l<u>ie</u> → **lying**　d<u>ie</u> → **dying**　など

🔍**ポイント❸** **否定文**…You were [not] **playing** soccer then. ← was, were のあとに not を置く。

　　　　　　疑問文…**Were** [you] **playing** soccer then? ← 主語の前に Was, Were を置く。

Step 1 基本問題

解答▶別冊 2 ページ

1 ［過去進行形の意味］次の英文を日本語にしなさい。

(1) I was playing the guitar then.

　（　　　　　　　　　　　　　　　　　　　　　　）

(2) He was reading a newspaper.

　（　　　　　　　　　　　　　　　　　　　　　　）

(3) My daughter was writing an e-mail.

　（　　　　　　　　　　　　　　　　　　　　　　）

Guide

 現在進行形と過去進行形

▶現在進行形を使うか，過去進行形を使うかは，文末を見ればわかることが多い。文末の「過去を表す語句」に注目しよう。

(4) My sons were running in the park.

( )

語句　guitar「ギター」　newspaper「新聞」　daughter「娘」　e-mail「電子メール」
son「息子」

2 ［〜ing 形の作り方］次の日本文に合うように，＿＿に適切な語を入れなさい。

(1) 彼は自分の車を洗っていました。

He was ＿＿＿＿＿ his car.

(2) あなたは音楽を聞いていました。

You were ＿＿＿＿＿ to music.

(3) エミはそのとき数学を勉強していました。

Emi ＿＿＿＿＿ ＿＿＿＿＿ math then.

語句　「洗う」wash　「〜を聞く」listen to 〜　math「数学」

3 ［否定文の作り方］次の英文を否定文にしなさい。

(1) The boy was kicking a ball in the yard.

----

(2) They were swimming in the pool.

----

(3) The old man was taking a walk.

語句　kick「ける」　yard「庭」

4 ［疑問文の作り方］次の英文を疑問文にしなさい。

(1) The boys were listening to the teacher.

----

(2) It was raining then.

----

(3) They were eating dinner at eleven.

語句　at eleven「11 時に」

参考　過去進行形と過去を表す語句

▶過去進行形の文では，then「そのとき」，at that time「そのとき」などの過去を表す語句が文末にあることが多い。

くわしく　〜ing 形の作り方

▶「短母音＋子音字」で終わる動詞は，子音字を重ねて ing。
・get → getting
・run → running
・sit → sitting
・swim → swimming
・cut → cutting
・put → putting
・hit → hitting
・set → setting　など

確認　否定文・疑問文の作り方

▶否定文
　was，were のあとに not を置く。
▶疑問文
　主語の前に Was，Were を置く。

ひと休み　進行形にできない単語

▶もともと「〜している」という意味を含む動詞は進行形にすることができない。
○ I know him.
× I'm knowing him.
※ have は「持っている」という意味のときには進行形にはできないが，「食べる」という意味のときには進行形にできる。

第1章　第2章　第3章　第4章　第5章　第6章　第7章　第8章　第9章　第10章　第11章　総仕上げテスト

7

1 次の英文の（　）内から適切な語を選んで○で囲みなさい。(20点)

(1) I (am, was, were) watching TV at that time.

(2) (Do, Were, Was) you talking with her?

(3) Ken (didn't, wasn't, weren't) playing the piano.

(4) (Did, Were, Was) they looking for the book?

(5) John and I (am, were, was) sleeping then.

(6) (Are, Was, Were) it raining in Tokyo?

(7) Was your mother (cook, cooked, cooking) dinner then?

(8) They were (help, helped, helping) their mother.

(9) What was he (do, does, doing) then?

(10) Tom and Mary were (play, playing, played) tennis.

語句　look for 〜「〜を探す」

2 次の英文を日本語にしなさい。また，それぞれの英文に対する正しい答えをア〜クから1つずつ選び，記号で答えなさい。(20点)

(1) Were you cooking dinner then?　　記号（　　）

（　　　　　　　　　　　　　　　　　　）

(2) What were you doing at the time?　　記号（　　）

（　　　　　　　　　　　　　　　　　　）

(3) Did he finish his homework?　　記号（　　）

（　　　　　　　　　　　　　　　　　　）

(4) Where were you taking a walk then?　　記号（　　）

（　　　　　　　　　　　　　　　　　　）

(5) Who was making a cake in the kitchen?　　記号（　　）

（　　　　　　　　　　　　　　　　　　）

ア Yes, he did.	イ My sisters were.
ウ I was playing soccer.	エ No, I'm not.
オ In the park.	カ Yes, I was.
キ I played soccer.	ク My brother did.

3 次の英文の＿＿＿にあてはまる語を右から選んで，適切な形に直して入れなさい。(20点)

(1) They were ＿＿＿＿＿＿＿＿ for you.

(2) My sister was ＿＿＿＿＿＿＿＿ to her favorite CDs.

(3) I was ＿＿＿＿＿＿＿＿ on the bench in the park.

(4) He was ＿＿＿＿＿＿＿＿ to my house.

(5) I was not ＿＿＿＿＿＿＿＿ anything at that time.

do	come
sit	wait
listen	

🐾 語句　wait for ~「~を待つ」　bench「ベンチ」　not ~ anything「何も~ない」

4 次の日本文に合うように，＿＿＿に適切な語を入れなさい。(16点)

(1) 私はそのとき，友達といっしょに昼食を食べていました。

I ＿＿＿＿＿＿＿ ＿＿＿＿＿＿＿ lunch with my friends at that time.

(2) あなたは自分の部屋でピアノをひいていましたか。

＿＿＿＿＿＿＿ you ＿＿＿＿＿＿＿ the piano in your room?

(3) 彼はそのとき，両親に手紙を書いていました。

He ＿＿＿＿＿＿＿ ＿＿＿＿＿＿＿ to his parents then.

(4) 今朝の 10 時には雨は降っていませんでした。

It ＿＿＿＿＿＿＿ ＿＿＿＿＿＿＿ ＿＿＿＿＿＿＿ at ten this morning.

5 次の英文を下線部が答えの中心となる疑問文に書きかえなさい。(14点)

(1) The boys were running in the park.

＿＿＿＿＿＿＿＿＿＿＿＿＿＿＿＿＿＿＿＿＿＿＿＿＿＿＿＿

(2) Tom was singing a song in the classroom.

＿＿＿＿＿＿＿＿＿＿＿＿＿＿＿＿＿＿＿＿＿＿＿＿＿＿＿＿

🐾 語句　classroom「教室」

6 次の日本文を（　）内の語句を使って，英語にしなさい。(10点)

(1) 彼らはそのとき，川で泳いでいました。(the river, then)

＿＿＿＿＿＿＿＿＿＿＿＿＿＿＿＿＿＿＿＿＿＿＿＿＿＿＿＿

(2) あなたは今朝，台所で何をしていましたか。(kitchen)

＿＿＿＿＿＿＿＿＿＿＿＿＿＿＿＿＿＿＿＿＿＿＿＿＿＿＿＿

★—☆—★—☆—★—☆—★—☆—★—☆—★—☆—★—☆—★—☆—★—☆—★—☆—★—☆—★

ワンポイント　**2** 疑問詞で始まる疑問文に対する答えには Yes / No は使わない。
　6 (2)疑問詞で始まる過去進行形の文は〈疑問詞＋was〔were〕＋主語＋～ing 形 ～?〉の形。

Step ③ 実力問題

解答▶別冊3ページ

1 次の英文の_____にあてはまる語を下から選び，必要があれば正しい形に直しなさい。直す必要がないときはそのまま書き，同じ語を2回使わないこと。(24点)

(1) Mike _____ to France last summer.

(2) I _____ English last evening.

(3) Where was he _____ the game then?

(4) My sister _____ a letter to her friend yesterday.

(5) John _____ Chinese food at the party last Sunday.

(6) My dog was _____ in the park.

work	eat	write	study
visit	run	go	watch

重要 2 次の英文を下線部が答えの中心となる疑問文に書きかえなさい。(20点)

(1) Her brother came home last Sunday. 〔松山東雲高〕

----

(2) She was making cookies in the kitchen.

----

(3) He did his homework for two hours.

----

(4) Mike took pictures at the zoo.

----

3 次の_____に適語を入れて，対話文を完成しなさい。(20点)

(1) A : _____ you in this town two years ago?

　　B : Yes, I _____.

(2) A : What _____ you make in the kitchen yesterday?

　　B : I _____ cakes.

(3) A : How _____ the weather yesterday?

　　B : It _____ cloudy.

(4) A : Who broke the new computer?

　　B : It was not me. Bill _____.

〔山　形〕

4 次の日本文に合うように，＿＿＿に適切な語を入れなさい。(12点)

(1) 子どもたちはそのとき，川で泳いでいましたか。

＿＿＿＿＿＿＿ the children ＿＿＿＿＿＿＿ in the river then?

(2) シンゴは昨日，家にいませんでした。

Shingo ＿＿＿＿＿＿＿ at home yesterday.

(3) 私は昨夜，自分の部屋で音楽を聞きました。

I ＿＿＿＿＿＿＿ ＿＿＿＿＿＿＿ music in my room last night.

5 次の対話文は，ロイ(Roy)とケイ(Kei)が電話で話をしたときのものです。これを読んで，①～④に入れる文として最も適切なものをア～クから1つずつ選びなさい。(24点) 〔千葉－改〕

Roy : Hello, this is Roy. May I speak to Kei?

Kei : Speaking.

Roy : Hi, Kei. I called you last night.

Kei : Oh, did you?   ①

Roy : Really? How was it? Did you have fun?

Kei :   ②   It was a very exciting game.   ③

Roy : I washed my father's car for him, and I got some tickets to the movies.

Do you like to go?

Kei : Sure. When shall we meet?

Roy :   ④

Kei : O.K. That's fine.

Roy : See you then.

注 ticket「チケット」 Do you like to ～?「～したいですか。」
When shall we meet?「いつ会いましょうか。」

ア Do you like to speak to Kei?　　イ I'm sorry, but I can't.

ウ I went to a baseball game.　　エ How are you getting there?

オ Yes, I did.　　カ What did you do yesterday?

キ I stayed home.　　ク How about 4:15 at my house?

① (　　　)　② (　　　)　③ (　　　)　④ (　　　)

語句 cloudy「曇りの」 broke < break「壊す」の過去形　May I ～?「～してもいいですか。」
How about ～?「～はどうですか。」

3 明日，公園に行く 〈be going to, will〉

重要点をつかもう

1 I **am going to** visit my uncle. ポイント❶

（私はおじを訪ねる**つもりです**。）

2 I **will** go to the park tomorrow. ポイント❷

（私は明日，公園に行く**つもりです**。）

3 **Shall I** open the window? ポイント❸

（（私が）窓を開け**ましょうか**。）

ポイント❶ 「**〜するつもりだ**」など未来のことを言うときは，〈**be going to＋動詞の原形**〉の形。

〈肯定文〉 They **are going to** play soccer tomorrow.

〈否定文〉 They **are** not **going to** play soccer tomorrow. ← be 動詞のあとに not を置く。

〈疑問文〉 **Are** they **going to** play soccer tomorrow?　← be 動詞を主語の前に置く。

　　　　　 — Yes, they **are**. / No, they **aren't**. （aren't＝are not の短縮形）

ポイント❷ 〈**will＋動詞の原形**〉の形を用い，「**〜するだろう，〜するつもりだ**」という意味を表す。

〈肯定文〉 She **will** play soccer tomorrow.

〈否定文〉 She **will** not play soccer tomorrow. ← will のあとに not を置く。

〈疑問文〉 **Will** she play soccer tomorrow?　← will を主語の前に置く。

　　　　　 — Yes, she **will**. / No, she **won't**. （won't＝will not の短縮形）

ポイント❸ **Shall I 〜?** …「（私が）〜しましょうか。」と相手に申し出る表現。

　　　　　 Shall we 〜? …「（いっしょに）〜しましょうか。」と相手を誘う表現。

Step 1 基本問題

解答▶別冊 4 ページ

1 [be going to の用法] 次の英文を，be going to を使って未来の文に書きかえなさい。文末に（　）内の語句を加えること。

(1) We play baseball. （after school）

→ _____

(2) I get up early. （tomorrow morning）

→ _____

Guide

確認 be going to の使い方

▶ 未来のことを表す be going to のあとはいつも動詞の原形がくる。また，主語に合わせて be 動詞を使いわける。

(3) He studies English.　（next week）

　→ ----------------------------------

(4) Mary comes to school.　（tomorrow）

　→ ----------------------------------

2　［will の用法］次の英文を，will を使って未来の文に書きかえなさい。文末に（　）内の語句を加えること。

(1) I visit my aunt in America.　（this fall）

　→ ----------------------------------

(2) He plays tennis with me.　（tomorrow）

　→ ----------------------------------

(3) I am thirteen years old.　（next year）

　→ ----------------------------------

🔸 語句　fall「秋」　～ year(s) old「～歳」

3　［否定文の作り方］次の英文を否定文にしなさい。

(1) George is going to be a doctor.

----

(2) We are going to help you.

----

(3) You will be a teacher.

🔸 語句　be a doctor「医者になる」

4　［疑問文の作り方］次の英文を疑問文にしなさい。

(1) She is going to take the test.

----

(2) He will be thirty next year.

----

(3) They will come to our party.

🔸 語句　take the test「テストを受ける」

第1章
第2章
第3章
第4章
第5章
第6章
第7章
第8章
第9章
第10章
第11章
総仕上げテスト

 be 動詞の原形

▶ be 動詞（am, are, is）の原形は be。

 will の使い方

▶ will のあとはいつも動詞の原形がくる。また，主語が何でも will の形はかわらない。
I will play soccer.
She will play soccer.

 否定文の作り方

・be going to の場合
　→ be 動詞のあとに not を置く。
・will の場合
　→ will のあとに not を置く。（短縮形＝ won't）

 疑問文の作り方

・be going to の場合
　→ be 動詞を主語の前に置く。
・will の場合
　→ will を主語の前に置く。

 going to と go to

▶「私は明日学校へ行くつもりです。」を，be going to を使って英語で書くと，I am going to go to school tomorrow. となります。go と to が2回ずつ出てきますが，このようになります。

13

1 次の英文の（ ）内から適切な語を選んで○で囲みなさい。(20点)

(1) Shall we (watch, watches, watched) TV this evening?

(2) It will (be, is, are) fine tomorrow.

(3) I am going to (buy, buying, bought) a new car.

(4) He is going to (come, comes, came) back soon.

(5) My parents are going to (travel, travels, traveled) abroad.

(6) Kate and John (be, is, are) going to get married.

(7) (Be, Is, Are) you going to play tennis with me?

(8) (Will, Is, Are) he be busy this afternoon?

(9) My uncle (will, is, are) not give a present to me.

(10) Mike (will, be, is) going to come with us.

語句　soon「すぐに」　travel abroad「海外旅行をする」　get married「結婚する」　this afternoon「今日の午後」

2 次の_____に適語を入れて，対話文を完成しなさい。(20点)

(1) *A :* Is Kate going to leave for Canada tomorrow?

　　 B : No, she _____.

(2) *A :* Will your brother be ten years old next month?

　　 B : Yes, _____ _____.

(3) *A :* How long are you going to stay at your uncle's house?

　　 B : I _____ _____ to _____ there for a week.

(4) *A :* How will the weather be tomorrow?

　　 B : _____ _____ _____ cloudy in the morning and rainy in the afternoon.

語句　leave for 〜「〜に向けて出発する」　rainy「雨降りの」

3 次の英文を（ ）内の指示に従って書きかえなさい。(25点)

(1) I will wash the dishes. （否定文に）

----

(2) He is going to wait for us. （疑問文に）

----

(3) He will buy <u>some food</u> at the store.　（下線部が答えの中心となる疑問文に）

------

(4) They will visit Kyoto <u>next week</u>.　（下線部が答えの中心となる疑問文に）

------

(5) She is going to meet him <u>at the park</u>.　（下線部が答えの中心となる疑問文に）

🐾 語句　dish「皿」　food「食べ物」　store「店」

4　次の日本文に合うように，_____に適切な語を入れなさい。(20点)

(1) 明日は暑いでしょう。

It _____ _____ hot tomorrow.

(2) 電車は定刻に到着しないでしょう。

The train _____ _____ arrive on time.

(3) あなたはお店で何を買うつもりですか。

What _____ _____ going to buy at the store?

(4) 窓を開けましょうか。

_____ _____ open the window?

🐾 語句　arrive「着く」　on time「定刻に」

5　次の日本文に合うように，（　）内の語句を並べかえて全文を書きなさい。(15点)

(1) 私は来週，東京を訪れるつもりです。

(visit, going, Tokyo, am, next week, I, to).

------

(2) あなたは放課後，サッカーをするつもりですか。

(after, play, school, will, soccer, you)?

------

(3) 彼は明日，早く起きないつもりです。

(up, early, he, not, get, tomorrow, will).

ワンポイント　**3** (3)～(5)下線部がもの，時，場所など，何を表しているかを考えて疑問詞で文を始める。
(3)「何を」，(4)「いつ」，(5)「どこで」とたずねる。

4 話すことができる 〈can, must, may〉

重要点をつかもう

1 He **can** speak English well. ⟨ポイント❶⟩

（彼は英語を上手に話す**ことができます**。）

2 You **mustn't**〔**must not**〕play baseball here. ⟨ポイント❷⟩

（あなたはここで野球を**してはいけません**。）

3 **May** I use your dictionary? ⟨ポイント❸⟩

（あなたの辞書を使っ**てもいいですか**。）

⟨ポイント❶⟩ **助動詞**…**動詞の原形とセット**で使い，動詞に意味をつけ加える働きをする語。

He 　　plays soccer well.
　　　　↓ **can** ＝「〜できる」という意味を動詞につけ加える。
He can play soccer well. ←主語が何でも can のあとは動詞の原形。

〈**can**, **must**, **have to**, **may** の意味〉

	肯定形	否定形
can	〜できる【可能】 〜することがありうる【可能性】	〜できない【不可能】 〜のはずがない【可能性】
must	〜しなければならない【義務】 〜にちがいない【強い推量】	〜してはいけない【禁止】
have to	〜しなければならない【義務】	〜しなくてもよい【不必要】
may	〜してもよい【許可】 〜かもしれない【推量】	〜してはいけない【不許可】 〜ではないかもしれない【推量】

⟨ポイント❷⟩ **否定文**…She **must** not play soccer tomorrow. ←**助動詞のあとに not** を置く。

⟨ポイント❸⟩ **疑問文**…**Must** she study math tomorrow? ←**主語の前に助動詞**を置く。

Step 1 基本問題

解答▶別冊5ページ

1 ［助動詞の意味］次の日本文に合うように，英文の（　）内から適切な語句を選んで○で囲みなさい。

(1) 私は母の手伝いをしなければいけません。

　　I (can, must, may) help my mother.

(2) 私の父はフランス語を上手に話すことができます。

　　My father (can, must, may) speak French well.

Guide

 助動詞の基本的な意味

・can「〜できる」
・will「〜するつもりだ，〜するだろう」
・must「〜しなければならない」
・may「〜してもよい」

(3) あなたはもう帰宅してもいいですよ。

You (must, may, will) go home now.

(4) このコンピュータを使ってはいけません。

You (will not, must not, don't have to) use this computer.

🗨 語句　French「フランス語」　go home「帰宅する」

2 [否定文の作り方] 次の英文を否定文にしなさい。

(1) I can climb the mountain.

-----

(2) You must open the box.

-----

(3) We have to study on Sundays.

-----

(4) He has to start at once.

-----

(5) You may be right.

🗨 語句　climb「登る」　at once「すぐに」　right「正しい」

3 [疑問文の作り方] 次の英文を疑問文にしなさい。

(1) You can make a cake.

-----

(2) I must wash the dishes.

-----

(3) She can get up early.

-----

(4) We have to clean our shoes.

-----

(5) He has to finish his homework by tomorrow.

🗨 語句　clean「きれいにする」　shoe(s)「くつ」　by〜「〜までに」

 否定文の作り方

①助動詞の場合

→助動詞のあとに，not を置く。

・cannot，can't

・must not，mustn't

・may not

② have〔has〕to の場合

→主語のあとに，don't〔doesn't〕have to を続ける。

 疑問文の作り方

①助動詞の場合

→助動詞を主語の前に置く。

② have〔has〕to の場合

→ Do〔Does〕＋主語＋have to〜?

 助動詞の書きかえ

▶以下の助動詞は，別の表現で書きかえることができる。

・can = be able to〜

・will = be going to〜

・must = have〔has〕to〜

 助動詞の過去形

▶助動詞にも過去形がある。

・can の過去形= could

・will の過去形= would

・must の過去は，had to で表す。「しなければならなかった」の意味。

1 次の日本文に合うように，（　）内の語句を並べかえなさい。(16点)

(1) 彼女は上手に泳ぐことができます。(swim, can, well, she).

----

(2) あなたは歯をみがかなければなりません。(to, brush, have, your teeth, you).

----

(3) 私は妹の世話をしなければなりません。

(take care of, sister, must, my, I).

----

(4) 彼は今夜は早く帰ってくるかもしれません。

(come, early, may, home, he) tonight.

-- tonight.

語句　「～の世話をする」take care of ～　tonight「今夜」

2 次の英文の（　）内の語を，必要があれば正しい形に直しなさい。ただし，1語とは限りません。直す必要がないときはそのまま書きなさい。(15点)

(1) Can you (come) back tomorrow?　------------------------

(2) We don't have (get) up early.　------------------------

(3) He (have) to pay the money yesterday.　------------------------

(4) You must (be) kind to old people.　------------------------

(5) Does he (have) to finish the work by noon?　------------------------

語句　pay「支払う」　by noon「正午までに」

重要 **3** 次の英文の_____に下から適切な語句を選び，入れなさい。ただし，同じ語句は2度使えない。(10点)

(1) _____ I ask a question?

(2) My mother doesn't _____ to cook on Sundays.

(3) You _____ read this book easily.

(4) John _____ to go to the library yesterday.

(5) You will _____ speak English well next year.

〔have, can, has, be able to, may, had〕

語句　ask「たずねる」　easily「容易に」

4 次の各組の英文がほぼ同じ意味になるように，____に適切な語を入れなさい。(20点)

(1) Don't swim in the river.

= You _____ _____ swim in the river.

(2) He must write a letter.

= He _____ _____ write a letter.

(3) Must she do her homework before dinner?

= _____ she _____ to do her homework before dinner?

(4) My father can play golf.

= My father is _____ play golf.

🦷 語句　golf「ゴルフ」

5 次の英文を（　）内の指示に従って書きかえなさい。(25点)

(1) You have to go to school.　（過去の文に）

----

(2) It must be rainy tomorrow.　（疑問文に）

----

(3) You must hurry.　（will を使った未来の文に）

----

(4) She can write a letter in English.　（will を使った未来の文に）

----

(5) No, you may not use this computer.　（この文が答えとなる疑問文に）

🦷 語句　hurry「急ぐ」　in English「英語で」

6 次の日本文を英語にしなさい。(14点)

(1) あなたは車を運転することができますか。

----

(2) 彼はアメリカ人ではないかもしれない。

🦷 語句　「アメリカ人の」American

ワンポイント　**3** (5) 「～できるようになるでしょう」は will be able to ～ で表す。

5 (5) may not は「～してはいけません」を表すが，must not のほうがより強い禁止を表す。

6 (2)「～ではないかもしれない」は may not を使う。

【　　月　　日】

時間	合格点	得点
40分	75点	点

Step ③ 実力問題

解答▶別冊7ページ

1 次の日本文に合うように，_____に適切な語を入れなさい。(25点)

(1) 彼はその部屋を掃除しなければなりませんか。

_____ he _____ _____ clean the room?

(2) 多くの人々が昨日，その電車を待たなければなりませんでした。

Many people _____ _____ wait for the train yesterday.

(3) そのドアを開けてはいけません。

You _____ _____ open the door.

(4) 彼のお父さんは明日出発する予定ですか。

_____ his father _____ to start tomorrow?

(5) ジョンと私は明日，私の部屋にペンキを塗ることができるでしょう。

John and I _____ _____ _____ _____ paint my room tomorrow.

2 次の英文の(　)内から適切な語句を選んで○で囲みなさい。(24点)

(1) "(Shall，Will，May) I carry your bags?" "No, thank you."

(2) You are always late for school. You (must，can，may) get up early.　〔松山東雲高〕

(3) "(Shall，Do，Will) you have another cup of tea?" "No, thank you."

(4) You will (must，have to，can) finish it in a day.

(5) She will (must，may，be able to) climb the mountain.

(6) He (must，has to，had to) put a stamp on this postcard yesterday.

3 次の日本文に合うように，(　)内の語を並べかえなさい。(15点)

(1) 名前をお聞かせください。(have, your, I, name, may), please?　〔堀越高〕

_____, please?

(2) 私は宿題を終えることができないでしょう。

I (be, finish, to, able, won't) my homework.　〔玉川学園高〕

I _____ my homework.

(3) 日本にはどのくらいいるつもりですか。

(you, to, how, are, going, long, stay) in Japan?　〔関東学院六浦高－改〕

_____ in Japan?

記述 **4** 次の質問に対する答えをそれぞれ自由に書きなさい。ただし（ ）内の表現を用いること。

(14点)

⑴ What are you going to do this weekend?　（am going to）

- -

⑵ Are there any rules in your family or school?　（have to）

- -

5 次の対話文を読んで，あとの問いに答えなさい。(22点)　　　　　〔三重—改〕

Tom : Hello, Emi. Did you have a good time in America?

Emi : Yes, I did.

Tom : (　①　) did you stay in America?

Emi : In New York. I enjoyed my homestay there. James, a boy in the host family, was very kind to me. Now James and I are good friends.

Tom : Did you visit many famous places there?

Emi : Yes. James and I went to many places together. James knew a lot of things about the places and told me about their history. It was interesting.

Tom : Did James ask you about Japanese history?

Emi : Yes. I showed some pictures of my city to James. James saw a picture of an old house and he asked me about the house. I couldn't answer his questions. ②I have to study more about my city.

Tom : That's good. I will visit some old houses in this city next Saturday. (　③　) we go together?

Emi : Sure.

注　homestay「ホームステイ」　host family「ホストファミリー」　famous「有名な」　place「場所」
history「歴史」　could「can の過去形」　more「もっと多くの事」

⑴ ①，③の（ ）に入る最も適切な語を書きなさい。(12点)

①　- - - - - - - - - - - - - - - -　③　- - - - - - - - - - - - - - - -

⑵ 下線部②に I have to study more about my city. とありますが，エミ (Emi)はどのような理由からこのように思ったのか，日本語で具体的に書きなさい。(10点)

（　　　　　　　　　　　　　　　　　　　　　　　　　　　　　）

🐱 語句　paint「ペンキを塗る」　carry「運ぶ」　stamp「切手」　postcard「はがき」

21

5. 机の上に本がある　〈There is ～．の文〉

重要点をつかもう

1 **There is** a book on the desk.　ポイント❶

（机の上に１冊の本が**あります**。）

2 **There are not** any lions in the zoo.　ポイント❷

（その動物園にはライオンは**いません**。）

3 **Is there** a park near your house?　― Yes, **there is.**　ポイント❷

（あなたの家の近くに公園が**ありますか**。　― はい，**あります**。）

4 **There was** a lot of snow last winter.　ポイント❸

（昨年の冬はたくさん雪が降り**ました**。）

ポイント❶　「～に…がいる〔ある〕。」と言うときは，〈**There is〔are〕＋人・もの＋場所を表す語句.**〉の形で表す。

〈単数〉There is a book on the desk.　　　←下線部（主語）が単数のときは is。

〈複数〉There are some books on the desk.　←下線部が複数のときは are。

ポイント❷　**否定文と疑問文の作り方**

〈肯定文〉There is a ball in the box.

　　　　　　　　　there の前に be 動詞。

〈疑問文〉Is there a ball in the box? ― Yes, **there is.** / No, **there isn't〔is not〕.**

〈否定文〉There is not a ball in the box. ← be 動詞のあとに not。

ポイント❸　「～に…がいた〔あった〕。」と言うときは，**There was〔were〕 ～.** の形。

〈単数〉There was a book on the desk yesterday.　　←下線部が単数のときは was。

〈複数〉There were some books on the desk yesterday. ←下線部が複数のときは were。

Step 1 基本問題

解答▶別冊 8 ページ

1 ［There is〔are〕 ～．の文］次の英文の（　）内から適する語を選んで○で囲みなさい。

(1) There（am, are, is）a piano in the room.

(2) There（am, are, is）some children in the park.

(3) There（am, are, is）not many people at the party.

Guide

 is, are の使いわけ

▶主語が単数か複数かによって is と are を使いわける。

・主語が単数 → is

・主語が複数 → are

(4) (Am, Are, Is) there any pictures on the wall?

(5) (Am, Are, Is) there a camera in the bag?

(6) How many students (am, are, is) there in your class?

🗣 語句　on the wall「かべに」

2 [There was〔were〕 ～. の文] 次の英文の（　）内から適切な
語を選んで○で囲みなさい。

(1) There (was, were) a lot of books in the library.

(2) There (was, were) a cat under the table.

(3) There (was, were) not a map on the wall.

(4) There (was, were) not any chairs in the room.

(5) (Was, Were) there a church over there?

(6) (Was, Were) there many apples on the table?

🗣 語句　under ～「～の下に」　map「地図」　church「教会」　over there「向こうに」

3 [否定文の作り方] 次の英文を否定文にしなさい。

(1) There is an album on the table.

-----

(2) There was much rain last year.

-----

(3) There were some stars in the sky last night.

🗣 語句　much「多くの」　sky「空」

4 [疑問文の作り方] 次の英文を疑問文にしなさい。

(1) There is a sofa in your room.

-----

(2) There are some stores in the town.

-----

(3) There was a pretty girl at the party.

🗣 語句　sofa「ソファー」　pretty「かわいい」

確認　場所を表す語句

▶ There is〔are〕 ～. の文に
ある，場所を表す語句でよく
使われる前置詞の意味は以下
のとおり。
・in「～の中に，～に」
・on「～の上に，～に」
・at「～に」
・under「～の下に」
・near「～の近くに」
・by「～のそばに」

確認　否定文の作り方

▶ be動詞のあとにnotを置
く。

ひと休み　much rain

▶ much は「多くの」とい
う意味なので，複数だと考え
がちだが，rain や snow の
ような液体（定まった形のな
いもの）を表す英単語は「単
数」として扱う。ほかに，
milk，water，tea なども同
じように単数扱い。

確認　疑問文の作り方

▶ there の前に be動詞を置
く。

【　　月　　日】

解答▶別冊 8 ページ

1 次の日本文に合うように，＿＿に適切な語を入れなさい。(15点)

(1) かべに何枚の絵がかかっていますか。

How ＿＿＿＿＿＿ pictures ＿＿＿＿＿＿ there on the wall?

(2) そのグラスにはたくさん水が入っています。

＿＿＿＿＿ ＿＿＿＿＿ much water in the glass.

(3) この近くにお店がありますか。

Are ＿＿＿＿＿ ＿＿＿＿＿ stores near here?

(4) あの丘の上には塔がありました。

There ＿＿＿＿＿＿＿＿＿ tower on that hill.

(5) その箱の中には，りんごが3個入っていました。

There ＿＿＿＿＿ ＿＿＿＿＿ apples in the box.

🍴 語句　tower「塔」

2 次の日本文に合うように，（　）内の語句を並べかえなさい。(25点)

(1) かべの近くに机が1つありました。

(there, wall, the, was, a desk, near).

＿＿＿＿＿＿＿＿＿＿＿＿＿＿＿＿＿＿＿＿＿＿＿＿

(2) 京都には寺がたくさんあります。

(temples, in, there, Kyoto, a lot of, are).

＿＿＿＿＿＿＿＿＿＿＿＿＿＿＿＿＿＿＿＿＿＿＿＿

(3) 木に鳥が5羽います。

(five, there, birds, the tree, are, in).

＿＿＿＿＿＿＿＿＿＿＿＿＿＿＿＿＿＿＿＿＿＿＿＿

(4) 昨日，花びんには多くの花がありました。

(many, in, were, flowers, there, the vase) yesterday.

＿＿＿＿＿＿＿＿＿＿＿＿＿＿＿＿＿＿＿ yesterday.

(5) 2年前，丘の上に古い教会がありました。

(the hill, old, on, there, church, was, an) two years ago.

＿＿＿＿＿＿＿＿＿＿＿＿＿＿＿＿＿ two years ago.

🍴 語句　temple「寺」　vase「花びん」

3 次の各組の英文がほぼ同じ意味になるように，_____に適切な語を入れなさい。(24点)

(1) We had a lot of rain last year.

= There _____ a lot of rain last year.

(2) Our school does not have many students.

= There _____ _____ many students in our school.

(3) Does this library have many books?

= Are _____ _____ books in this library?

(4) How many rivers does your city have?

= How many rivers _____ in your city?

4 次の英文を（　）内の指示に従って書きかえなさい。(20点)

(1) There is <u>a</u> child in the park. （下線部を seven にして）

----

(2) There was a heavy rain last night. （疑問文に）

----

(3) There are some parks near here. （否定文に）

----

(4) There are <u>two</u> eggs in the basket. （下線部が答えの中心になる疑問文に）

----

(5) There are some cars on the street <u>today</u>. （下線部を yesterday にして）

🍴 語句　heavy「ひどい」

5 次の日本文を英語にしなさい。(16点)

(1) 体育館に数人の女の子がいました。

----

(2) 1 年は何か月ありますか。

🍴 語句　「体育館」gym　「月」month

ワンポイント

1 主語が単数か複数かと，現在の文か過去の文かを判断して is，are，was，were を使いわける。

4 (3) There are not any 〜. ＝「1 つも〜はありません。」

6 日曜日に，駅で 〈前置詞〉

重要点をつかもう

1 **We met Tom at the station on Sunday.** ポイント①

（私たちは日曜日に，駅でトムと会いました。）

2 **Look at a dog in front of the door.** ポイント②

（ドアの前にいる犬を見なさい。）

ポイント① 前置詞…（代）名詞の前に置き，〈**前置詞＋(代)名詞**〉のまとまりでほかの語句を修飾する。

We played tennis **in** the park.　　　The bag **on** the desk is mine.

「公園で〜をした」→副詞の働き（動詞を修飾）　「机の上のかばん」→形容詞の働き（名詞を修飾）

「時」を表す前置詞

・「〜に」＝ at（時刻），on（日付・曜日），in（月・年・季節）

・「〜まで(に)」＝ until〔till〕（期間の継続），by（期限）

・「〜の間」＝ for（期間の長さ），during（特定の期間）　など

「場所」を表す前置詞

・「〜に〔で〕」＝ at（比較的せまい場所），in（比較的広い場所）　・「〜の上に〔で〕」＝ on

・「〜の下に〔で〕」＝ under　・「〜のそばに〔で〕」＝ by　・「〜の近くに〔で〕」＝ near　など

そのほかの前置詞

・「〜について」＝ about　・「〜で」＝ by（手段）　・「〜の」＝ of　・「〜から」＝ from

・「〜の間に〔で〕」＝ between（2つのものの間），among（3つ以上のものの間）　など

ポイント② 前置詞と結びついた表現

from A *to* B「AからBまで」，*in* front *of* 〜「〜の前に〔で〕」，look *for* 〜「〜を探す」

listen *to* 〜「〜を聞く」，get *on* 〜「〜(乗り物)に乗る」，*for* example「たとえば」　など

Step 1 基本問題

解答▶別冊9ページ

1 [「時」を表す前置詞] 次の日本文に合うように，（　）内から適切な語を選んで○で囲みなさい。

(1) 私たちは夏に泳ぐことができます。

We can swim（in, on）summer.

(2) 私の父は土曜日に8時に起きます。

My father gets up（on, at）eight o'clock（in, on）Saturday.

Guide

参考 「時」を表す前置詞

・*at* night「夜に」

・*in* the morning
　　　　〔afternoon〕
「午前中〔午後〕に」

・before 〜「〜の前に」

・after 〜「〜のあとで」

(3) 冬休みの間，雪は降りませんでした。

It didn't snow (during, in) the winter vacation.

(4) 彼らは昨日，7時までテニスをしました。

They played tennis (until, by) seven o'clock yesterday.

(5) 夕食のあと，歯をみがきなさい。

Brush your teeth (after, before) dinner.

2 [場所を表す前置詞] 次の日本文に合うように，（　）内から適切な語を選んで○で囲みなさい。

(1) 私のかばんの中に何冊か本が入っています。

There are some books (in, on) my bag.

(2) 女の子が木の下で本を読んでいます。

A girl is reading a book (on, under) the tree.

(3) その家は丘の上に立っていました。

The house stood (in, on) the hill.

(4) 私たちは学校の近くの公園に行きました。

We went to the park (near, at) our school.

(5) その飛行機は山の上を飛びました。

The plane flew (on, over) the mountain.

3 [さまざまな前置詞] 次の日本文に合うように，（　）内から適切な語を選んで○で囲みなさい。

(1) トムはテレビでそのニュースを見ました。

Tom watched the news (in, on) TV.

(2) 彼らはバスで動物園に行く予定です。

They will go (for, to) the zoo (by, for) bus.

(3) メグはそのとき，私といっしょに彼女の犬を探していました。

Meg was looking (for, at) her dog (with, for) me then.

(4) 青森はおいしいりんごでとても有名です。

Aomori is very famous (of, for) its good apples.

(5) 日本には古い町がたくさんあります。たとえば，奈良です。

Japan is full (with, of) old cities, (for, from) example, Nara.

 until〔till〕と by のちがい

▶ until ～ は「～まで(ずっと)」という意味で，そのときまでずっとある動作をつづける場合に使う。by ～ は「～までに」という意味で，そのときまでにある動作を終わらせればよい場合に使う。

 「場所」を表す前置詞

・around「～のまわりを〔に〕」
・between A and B「AとBの間に」
・on the wall「かべに」
・over「～の上を〔に〕」

 そのほかの前置詞

・*for* me「私のために」，「私にとって」
・*in* English「英語で」
・*on* TV「テレビで」
・*with* a pen「ペンで」

 前置詞と結びついた表現

・*at* first「最初は〔に〕」
・be famous *for* ～「～で有名である」
・be full *of* ～「～でいっぱいである」
・get *to* ～「～に着く」
・wait *for* ～「～を待つ」

 前置詞 on

▶ on は本来「接触」を意味する。on the wall「かべに(接触して)」，on the ceiling「天井に(接触して)」などの表現にも on を使う。

【 　　月　　日】

⧗	時間 40分	🗒	合格点 70点	☑

得点　　　点

解答▶別冊 10 ページ

1 次の英文の（ ）内から適切な語を選んで○で囲みなさい。(20点)

(1) We will have a party (on, in) June 10.

(2) There is a bag (under, in) the table.

(3) Mary studied English (for, after) dinner.

(4) They looked at the picture (at, on) the wall.

(5) Please don't come to the shop (on, by) car.

(6) We talked (about, with) our trip yesterday.

(7) I have to write a letter (in, by) English.

(8) My brother is very good (for, at) tennis.

(9) Meg was sitting (among, between) Jack and Nancy.

(10) They got (at, on) the train at the station.

🟡語句　trip「旅行」

2 次の日本文に合うように，＿＿＿＿に適切な語を入れなさい。(40点)

(1) ジムは明日までに宿題を終えなければなりません。

Jim has to finish his homework ＿＿＿＿＿＿＿＿ tomorrow.

(2) 私の家の前には庭があります。

There is a garden in front ＿＿＿＿＿＿＿＿ my house.

(3) 私は昨日，クミといっしょに図書館に行きました。

I went ＿＿＿＿＿＿ the library ＿＿＿＿＿＿＿ Kumi yesterday.

(4) ケンはあの生徒の名前を知りませんでした。

Ken didn't know the name ＿＿＿＿＿＿＿ that student.

(5) 私の父はときどきラジオを聞きます。

My father sometimes ＿＿＿＿＿＿＿ ＿＿＿＿＿＿＿ the radio.

(6) 私たちはその箱を教室から体育館へ運びました。

We carried the box ＿＿＿＿＿＿ our classroom ＿＿＿＿＿＿ the gym.

(7) 私たちは5時30分に駅に到着しました。

We got ＿＿＿＿＿＿ the station at five thirty.

(8) ナンシーはふつう彼女の犬の世話をします。

Nancy usually ＿＿＿＿＿＿ care ＿＿＿＿＿＿ her dog.

3 次の各組の英文の( )に共通して入る語を下から選び，＿＿に書きなさい。(15点)

(1) We can see a lot of stars (　　　) night.

Jane looked (　　　) me and smiled. ＿＿＿＿＿＿＿

(2) I played baseball (　　　) my friends.

Please write your name (　　　) this pen. ＿＿＿＿＿＿＿

(3) That store is famous (　　　) its delicious chocolate.

We talked about the movie (　　　) an hour yesterday. ＿＿＿＿＿＿＿

at	on	for	from	among	with

🟡語句　delicious「おいしい」　chocolate「チョコレート」

4 次の日本文に合うように，( )の語句を並べかえなさい。(25点)

(1) 私たちの学校の前には銀行があります。

There (in, school, is, front, a bank, of, our).

There ＿＿＿＿＿＿＿＿＿＿＿＿＿＿＿＿＿＿＿.

(2) ケンはサッカーがとても上手です。

(at, very, soccer, Ken, good, is).

＿＿＿＿＿＿＿＿＿＿＿＿＿＿＿＿＿＿＿＿＿

(3) 窓のそばにいる男の子は私の弟です。

The boy (my, is, the window, brother, by).

The boy ＿＿＿＿＿＿＿＿＿＿＿＿＿＿＿＿＿.

(4) 私は5時までトムを待っていました。

(five, Tom, waiting, was, until, for, I).

＿＿＿＿＿＿＿＿＿＿＿＿＿＿＿＿＿＿＿＿＿

(5) 彼らは放課後，その犬の世話をしました。

They (of, school, care, after, the dog, took).

They ＿＿＿＿＿＿＿＿＿＿＿＿＿＿＿＿＿＿＿.

🟡語句　「銀行」bank

★—☆—★—☆—★—☆—★—☆—★—☆—★—☆—★—☆—★—☆—★—☆—★—☆—★—☆—★—☆—★

ワンポイント

1 (6)，(8)，(10)前置詞を含む熟語表現。

4 (3)〈前置詞＋名詞〉のまとまりで，前にある The boy を修飾する。

【　　月　　日】

時間	合格点	得点
40分	75点	点

Step ③ 実力問題

解答▶別冊 10 ページ

1 次の英文の（　）内から適切な語を選んで○で囲みなさい。(20点)

(1) How many languages (is, are, were) there in the world now?

(2) There (are, was, were) a lot of snow in the yard yesterday.

(3) There (are, was, were) two dogs in my house last year.

(4) I woke up early (on, in) Sunday morning.

(5) He took a picture (for, of) the big bridge (over, on) the river.

2 次の日本文に合うように，＿＿＿に適切な語を入れなさい。(16点)

(1) 私たちは次の列車を待たなければなりません。

We must ＿＿＿＿＿ ＿＿＿＿＿ the next train.

(2) 名古屋は東京と大阪の間にあります。

Nagoya is ＿＿＿＿＿ Tokyo ＿＿＿＿＿ Osaka.

(3) 彼は水曜日から土曜日までロンドンに滞在（たいざい）する予定です。

He will stay in London ＿＿＿＿＿ Wednesday ＿＿＿＿＿ Saturday.

(4) 私は今朝，学校に遅刻（ちこく）しました。

I was ＿＿＿＿＿ school this morning.

3 次の各組の英文がほぼ同じ意味になるように，＿＿＿に適切な語を入れなさい。(24点)

(1) Our school had a large library.

＝ There ＿＿＿＿＿ a large library in our school.

(2) Japan has many mountains.

＝ ＿＿＿＿＿ many mountains in Japan. 〔九州女学院高〕

(3) There are seven days in a week.

＝ A week ＿＿＿＿＿ seven days. 〔金城学院高〕

(4) There are many parks in our city.

＝ Our ＿＿＿＿＿ ＿＿＿＿＿ many parks. 〔岡山理科大附高〕

(5) How many months are there in a year?

＝ How many months does a year ＿＿＿＿＿?

(6) There is no milk in the bottle.

＝ There ＿＿＿＿＿ ＿＿＿＿＿ milk in the bottle.

4 次の日本文を英語にしなさい。(20点)

(1) 1週間は何日ありますか。

- -

(2) 私はたいてい夕食の前に音楽を聞きます。

- -

5 次の対話文を読んで，あとの問いに答えなさい。(20点)　　　　　　　　　　〔石川−改〕

Lucy : What are the plans for next Saturday, Mike? Are you free? Let's go shopping and buy
a present for Father's Day.

Mike : That's a good idea, Lucy. But I have a baseball game on Saturday. How about Sunday?

Lucy : On Sunday, I'll meet my friend, Lisa, at the library near the station.

Mike : Will it take all day?

Lucy : Maybe. But they close the library at 5 o'clock, so we will finish before that. And then
I can go with you.

Mike : Then, let's meet at the station at 5 : 15 and go to the new shopping center near the
station.

Lucy : OK. ①(many, in, are, the shopping center, there, shops). We can find a nice
present for our father there.

Mike : Hmm ... do you have any ideas for a present?

Lucy : Well, he loves watches. But we can't buy a watch. It's expensive!

Mike : Oh, now I remember. Last night he broke his cup at the office. He really liked that
cup and ②he was sad about that. How about a new cup?

Lucy : Sounds good! He'll like it.

注　plan「計画・予定」　free「ひまな」　expensive「高価な」　remember「思い出す」
broke「break(割る)の過去形」　office「会社」　sad「悲しい」

(1) 下線部①の（　）内の語句を並べかえて，意味の通る英文にしなさい。(10点)

- -

(2) 下線部②に he was sad about that とあるが，お父さんはどのような理由から悲しい気持ち
だったのか，日本語で具体的に書きなさい。(10点)

（　　　　　　　　　　　　　　　　　　　　　　　　　　　　　　　　）

🔊 語句　language「言語」　world「世界」　woke up < wake up「起きる」の過去形　bottle「びん」

31

7 勉強することが好き 〈不定詞 (1)：名詞的用法〉

重要点をつかもう

1 I like **to study** English. （ポイント❶）

（私は英語を**勉強すること**が好きです。）

2 I want **to play** soccer. （ポイント❷）

（私はサッカーをしたい。）

3 My dream is **to go** to America. （ポイント❸）

（私の夢はアメリカに**行くこと**です。）

ポイント❶ 〈**to＋動詞の原形**〉を不定詞という。不定詞には名詞的用法，副詞的用法(→ p.36)，形容詞的用法(→ p.36)の 3 つの基本的な使い方がある。

〈**名詞的用法**〉　 I like **to play** soccer. 「～すること」

ポイント❷ **名詞的用法**…「**～すること**」の意味を表し，動詞の目的語になる。

I like to play soccer. 「私はサッカーをすることが好きです。」
　　　　 └─→ 目的語

ポイント❸ 名詞的用法の使い方…動詞の目的語になるほかにも，文の主語や補語になる。

〈**文の主語**〉To study English is interesting. 「英語を勉強することはおもしろい。」
　　　　　　主語　　　　動詞　　補語

〈**文の補語**〉My hope is to be a doctor. 「私の望みは医師になることです。」
　　　　　　主語 動詞　　**補語**

Step 1 基本問題

解答▶別冊 11 ページ

1 ［不定詞の用法］次の英文の（　）内から適切な語句を選んで○で囲みなさい。

(1) He wants to (see, sees) the movie.

(2) I liked to (go, went) shopping with her.

(3) (Have, To have) breakfast is important.

(4) To play video games (is, are) a lot of fun.

(5) Do you want (sing, to sing, to sings)?

(6) Her dream is (become, to become) a pianist.

Guide

（確認）to のあとの動詞の形

▶〈to＋動詞の原形〉は，文の主語や時制がかわっても，to のあとの動詞はいつも原形。

2 ［不定詞の作り方］次の日本文に合うように，＿＿＿に適切な語を入れなさい。

(1) あなたは写真を撮るのが好きですか。

Do you like ＿＿＿＿＿ ＿＿＿＿＿ pictures?

(2) 英語を話すことは私には難しい。

＿＿＿＿＿ ＿＿＿＿＿ English is difficult for me.

(3) 彼女の夢は外国で働くことです。

Her dream is ＿＿＿＿＿ ＿＿＿＿＿ in a foreign country.

(4) 彼らは真実を知りたがっています。

They want ＿＿＿＿＿ ＿＿＿＿＿ the truth.

🗨 語句　difficult「難しい」　foreign「外国の」　truth「真実」

3 ［不定詞の訳し方］次の英文の（　）内の語を不定詞にかえ，全文を書きなさい。また，書きかえた英文を日本語にしなさい。

(1) My sister likes (listen) to music.

英文 ＿＿＿＿＿＿＿＿＿＿＿＿＿＿＿

訳　（　　　　　　　　　　　　　　　　　）

(2) Do you want (play) tennis with your daughter?

英文 ＿＿＿＿＿＿＿＿＿＿＿＿＿＿＿

訳　（　　　　　　　　　　　　　　　　　）

(3) I started (write) an e-mail.

英文 ＿＿＿＿＿＿＿＿＿＿＿＿＿＿＿

訳　（　　　　　　　　　　　　　　　　　）

(4) My dream is (see) the pyramids in Egypt.

英文 ＿＿＿＿＿＿＿＿＿＿＿＿＿＿＿

訳　（　　　　　　　　　　　　　　　　　）

(5) (Take) a walk is fun.

英文 ＿＿＿＿＿＿＿＿＿＿＿＿＿＿＿

訳　（　　　　　　　　　　　　　　　　　）

🗨 語句　pyramid「ピラミッド」

確認　名詞の働きをする不定詞

▶不定詞の名詞的用法は，文の主語，目的語，補語として使われる。主語になる場合は単数扱いであることに注意。

参考　不定詞を用いた表現

▶よく使う表現
・like to ～
　「～することが好きだ」
・want to ～
　「～したい」
・begin to ～
　「～し始める」
・start to ～
　「～し始める」
・try to ～
　「～しようとする」

▶日本語らしい訳
　英文を自然な日本語にするのがよい。
・like to ～「～することを好む」→「～するのが好きだ」
・want to ～「～することを欲する」→「～したい」
・start to ～「～することを始める」→「～し始める」

参考　want to ～ のていねいな言い方

▶ want to ～ は，would like to ～ と言いかえることができる。want to ～ よりもていねいな言い方で，「～したいのですが」という意味。

【 　月　　日】

時間 40分　合格点 70点　得点　点

解答▶別冊 12 ページ

1 次の英文の（　）内から適切な語句を選んで○で囲みなさい。(20点)

(1) I want (visit, visits, to visit) Kyoto.

(2) Keiko likes (play, played, to play) the piano.

(3) Tom began (sing, to sing, sang) an old song.

(4) He hopes (to dance, dance, dances) with you.

(5) Do you want (watch, to watch, watches) TV?

(6) My dream is (become, became, to become) a scientist.

(7) (Tell, Told, To tell) a lie is a bad thing.

(8) What do you need (do, does, to do)?

(9) When did you start (learn, to learn, learned) English?

(10) How many CDs did you want (to buy, bought, buy)?

🌀語句　scientist「科学者」　tell a lie「うそをつく」　bad「悪い」

2 次の文の下線部が文法的に正しい場合は○を，まちがっている場合は正しい形を＿＿に書きなさい。ただし，正しい形は1語とはかぎりません。(20点)

(1) Do you need <u>buy</u> a new camera?

(2) He likes <u>to takes</u> a walk early in the morning.

(3) My hope is <u>to watch</u> soccer games on TV.

(4) Jane tried <u>to made</u> friends with him.

(5) To take pictures <u>are</u> interesting.

3 次の日本文に合うように，＿＿に適切な語を入れなさい。(12点)

(1) マイクは日本食について知りたがっています。

　　Mike ＿＿＿＿＿ ＿＿＿＿＿ know about Japanese food.

(2) あなたは私といっしょに来たいですか。

　　＿＿＿＿＿ you want ＿＿＿＿＿ come with me?

(3) トムの夢は日本を訪れることです。

　　Tom's dream ＿＿＿＿＿ ＿＿＿＿＿ ＿＿＿＿＿ Japan.

(4) 彼らは宿題をし始めました。

　　They ＿＿＿＿＿ ＿＿＿＿＿ ＿＿＿＿＿ their homework.

🌀語句　Japanese food「日本食」

4 次の日本文に合うように，（　）内の語句を並べかえなさい。(15点)

(1) 彼女は1人で旅行をするのが好きです。

(alone, she, travel, to, likes).

----

(2) ゆっくりと電車が動き始めました。

(move, began, slowly, the train, to).

----

(3) あなたは将来，何になりたいですか。

(you, be, want, what, to, do) in the future?

_____ in the future?

🔊 語句　「1人で」alone　「ゆっくりと」slowly　「将来」in the future

5 次の英文を日本語にしなさい。(15点)

(1) To climb the mountain is difficult for me.

(　　　　　　　　　　　　　　　　　　　　　　　　　　　)

(2) Mary began to study Japanese in the library.

(　　　　　　　　　　　　　　　　　　　　　　　　　　　)

(3) My dream is to travel abroad.

(　　　　　　　　　　　　　　　　　　　　　　　　　　　)

6 次の英文を（　）内の指示に従って書きかえなさい。(18点)

(1) Do <u>you</u> want to use this dictionary?　（下線部を he にかえて）

----

(2) Yumi wants to visit <u>Tokyo</u> someday.　（下線部が答えの中心となる疑問文に）

----

(3) Tom's dream is <u>to become a carpenter</u>.　（下線部が答えの中心となる疑問文に）

🔊 語句　dictionary「辞書」　someday「いつか」　carpenter「大工」

★─☆─★─☆─★─☆─★─☆─★─☆─★─☆─★─☆─★─☆─★─☆─★─☆─★─☆─★─☆─★─☆─★─

ワンポイント

5 (1) To climb the mountain が主語の文。

6 (2)「どこ」，(3)「何」とたずねればよい。

8. 読む本がある 〈不定詞 (2)：副詞的・形容詞的用法〉

重要点をつかもう

1 I went to the park **to play** baseball. ポイント❶

(私は野球を**しに**公園に行きました。)

2 I'm happy **to see** you. ポイント❷

(あなたに**会えて**うれしい。)

3 I have some books **to read**. ポイント❸

(私には**読む**本がいくつかあります。)

ポイント❶ **副詞的用法の不定詞** ①…「**～するために，～しに**」の意味で，**動作の目的**を表す。

He visited Kyoto to study history. 「彼は歴史を**勉強するために**京都を訪れました。」
動詞を修飾している。「～するために」という意味をつけ加える。

ポイント❷ **副詞的用法の不定詞** ②…「**～して**」の意味で，**感情の原因・理由**を表す。

I was glad to hear the news. 「私はその知らせを**聞いて，**うれしかった。」
うれしい理由を説明している。

ポイント❸ **形容詞的用法の不定詞**…「**～するための，～すべき**」という意味で，**名詞を修飾**する。

I have some homework to do. 「私は**するべき**宿題があります。」
うしろから名詞を修飾している。

Step 1 基本問題

解答▶別冊 13 ページ

1 [不定詞の用法] 次の日本文に合うように，＿＿に適切な語を入れなさい。

(1) 私はするべきことがたくさんあります。

I have a lot of things ＿＿＿＿ ＿＿＿＿ .

(2) 彼女は食べ物を買うためにその店に行きました。

She went to the store ＿＿＿＿ ＿＿＿＿ some food.

(3) 私はあなたから手紙をもらってうれしかったです。

I was ＿＿＿＿ ＿＿＿＿ receive a letter from you.

Guide

🔍 不定詞が修飾する語

▶ここで学習する不定詞の働きのちがいに注意しよう。

・副詞的用法の働き→前にある動詞や形容詞を修飾する。

・形容詞的用法の働き→直前の(代)名詞を修飾する。

(4) あなたは今夜，本を読む時間がありますか。

Do you have time ＿＿＿＿＿＿＿＿＿ ＿＿＿＿＿＿＿＿＿ books
tonight?

(5) ジョンは日本の歴史を勉強するために日本に来ました。

John came to Japan ＿＿＿＿＿＿＿＿＿ ＿＿＿＿＿＿＿＿＿Japanese
history.

 語句　receive「受け取る」

2 ［不定詞の意味］次の各組の英文を日本語にするとき，意味の
ちがいがわかるように（　）に日本語を補いなさい。

(1) ① He has a lot of work to do.

彼には（ 　　　　　　　　　　　　 ）がたくさんある。

② He has to do a lot of work.

彼はたくさんの仕事を（ 　　　　　　　　　　 ）。

(2) ① I want to eat something.

私は何かを（ 　　　　　　　　　　　 ）。

② I want something to eat.

私は（ 　　　　　　　　　　　 ）がほしい。

 語句　something「何か〜もの」

3 ［不定詞を含む文］次の日本文に合うように，（　）内の語句を
並べかえて全文を書きなさい。

(1) 私はそのニュースを聞いて悲しかった。

(was, the news, to, I, hear, sad).

＿＿＿＿＿＿＿＿＿＿＿＿＿＿＿＿＿＿＿＿＿＿＿＿＿＿

(2) 私たちはあなたの手伝いをしに，ここに来ました。

(here, came, to, you, we, help).

＿＿＿＿＿＿＿＿＿＿＿＿＿＿＿＿＿＿＿＿＿＿＿＿＿＿

(3) トムには読むべき本が何冊かあります。

(books, Tom, read, some, has, to).

＿＿＿＿＿＿＿＿＿＿＿＿＿＿＿＿＿＿＿＿＿＿＿＿＿＿

 語句　「ニュース」news

第1章
第2章
第3章
第4章
第5章
第6章
第7章
第8章
第9章
第10章
第11章
総仕上げテスト

確認　不定詞の3つの働き

▶〈to＋動詞の原形〉は文中で3つの働きをして，次のような意味を表す。
① 名詞の働き
「〜すること」
② 副詞の働き
「〜するために」
「〜して」
③ 形容詞の働き
「〜するための，〜すべき」

くわしく　よく使う副詞的用法
「感情の原因」

・be happy to 〜
「〜してうれしい」
・be glad to 〜
「〜してうれしい」
・be sad to 〜
「〜して悲しい」
・be surprised to 〜
「〜して驚く」
・be sorry to 〜
「〜して残念だ」

くわしく　something のあと
の語句の語順

・something to eat
「何か食べる物」
・something hot to drink
「何か温かい飲み物」
〈something＋形容詞＋to＋動詞の原形〉の語順。

Step 2 標準問題

1 次の英文の( )内から適切な語句を選んで○で囲みなさい。(12点)

(1) I wanted something (eat, to eat, ate).

(2) My brother visited the zoo (take, to take, took) pictures.

(3) I was happy (to get, getting, get) the first prize.

語句　first prize「1等賞」

2 次の日本文に合うように,( )内の語句を並べかえなさい。(24点)

(1) 父は今日しなければならない仕事がたくさんあります。

(a lot of, to, has, do, my father, work) today.

_____ today.

(2) 私はまたあなたに会えてとてもうれしい。

(glad, very, you, I'm, see, again, to).

_____

(3) 昨日,彼女と話す機会がありましたか。

(have, to, you, her, talk, did, a chance, with) yesterday?

_____ yesterday?

(4) 私の兄は美術を勉強するためにパリへ行きました。

My brother (went, to, art, Paris, to, study).

My brother _____ .

語句　glad「うれしい」　have a chance「機会がある」　art「美術」　Paris「パリ」

3 次の各組の英文がほぼ同じ意味になるように,____に適切な語を入れなさい。(20点)

(1) I went to the house and saw him.

= I went to the house to _____ him.

(2) I have some letters. I have to read them.

= I have some letters _____ _____ .　〔関西大第一高〕

(3) He went to the store. He bought a watch there.

= He went to the store _____ _____ a watch.　〔美萩野女子高〕

(4) I must do a lot of homework today.

= I _____ a lot of homework _____ _____ today.

38

4 次の英文の下線部と同じ用法の不定詞を含む文をア〜ウから1つずつ選び，記号で答えなさい。（20点）

(1) I was very happy <u>to hear</u> the news. (　　　)

　ア　Tom likes to read books in his free time.

　イ　I'm surprised to see you again.

　ウ　I have many DVDs to watch.

(2) I have something <u>to tell</u> you. (　　　)

　ア　I want to swim in the sea.

　イ　We are in this room to talk with them.

　ウ　Do you want anything hot to eat?

(3) We went to the park <u>to play</u> tennis. (　　　)

　ア　We don't have much time to stay here.

　イ　Let's go to the library to study math after lunch.

　ウ　Tom tried to swim in the river last year.

(4) Is there anything <u>to eat</u> in the kitchen? (　　　)

　ア　What do you want to be in the future?

　イ　May I have time to read a book?

　ウ　My sister went to Canada to study music.

🍫 語句　be surprised to ～「～して驚く」

5 次の英文を日本語にしなさい。（24点）

(1) We are very glad to hear from you.

　(　　　　　　　　　　　　　　　　　　　　　　　　　　　　　　　　)

(2) He went to Italy to play soccer.

　(　　　　　　　　　　　　　　　　　　　　　　　　　　　　　　　　)

(3) I want something cold to drink.

　(　　　　　　　　　　　　　　　　　　　　　　　　　　　　　　　　)

🍫 語句　hear from ～「～から便りがある」　Italy「イタリア」

★─★

ワンポイント　**5** (3)〈something＋形容詞＋to＋動詞の原形〉の語順に注意。

9 音楽を聞くことはおもしろい 〈動名詞〉

重要点をつかもう

1 I like **watching** TV. ボイント❶

（私はテレビを**見るの**が好きです。）

2 **Listening** to music is fun. ボイント❷

（音楽を**聞くこと**はおもしろい。）

3 We enjoyed **playing** soccer. ボイント❸

（私たちはサッカーを**して**楽しみました。）

ボイント❶ **動名詞**…**動詞の ing 形**で「**～すること**」の意味を表す。

I like to play soccer.
I like playing soccer. 　「私はサッカーをすることが好きです。」
　　　　　└─→ 目的語

ボイント❷ **動名詞の働き**…動名詞は文の主語，補語としても使われる。

〈**文の主語**〉 Playing soccer is interesting. 　　「～することは」
　　　　　主語　　動詞　補語

〈**文の補語**〉 My hobby is playing soccer. 　　「～することです」
　　　　　主語　動詞　　**補語**

ボイント❸ **動名詞だけを目的語にとる動詞**

enjoy ～ing「～をして楽しむ」　　**finish ～ing**「～し終える」　など

Step 1 基本問題

解答▶別冊 14 ページ

1 ［不定詞と動名詞］次の日本文に合うように，（　）内の不定詞を動名詞に直して，＿＿＿に書きなさい。

(1) 私はピアノをひくのが好きです。

I like (to play) the piano. ＿＿＿＿＿＿

(2) 早く寝ることは健康によい。

(To go) to bed early is good for the health. ＿＿＿＿＿＿

(3) 私の父は映画を見ることが大好きです。

My father loves (to see) movies. ＿＿＿＿＿＿

語句　health「健康」

Guide

確認 不定詞と動名詞

▶ to ～ と ～ing の両方を目的語にとるおもな動詞
・like，love「～を好む」
・start，begin「～を始める」

40

(4) 朝，雨が降り始めました。

It started（to rain）in the morning. ‥‥‥‥‥‥‥‥‥‥

2 ［動名詞の意味］次の各組の英文を意味のちがいがわかるように日本語にしなさい。

(1) ① I am collecting stamps.

（　　　　　　　　　　　　　　　　　　　　　　　　　）

② My hobby is collecting stamps.

（　　　　　　　　　　　　　　　　　　　　　　　　　）

(2) ① They stopped talking.

（　　　　　　　　　　　　　　　　　　　　　　　　　）

② They stopped to talk.

（　　　　　　　　　　　　　　　　　　　　　　　　　）

(3) ① I am reading an interesting book.

（　　　　　　　　　　　　　　　　　　　　　　　　　）

② Reading a book is interesting.

（　　　　　　　　　　　　　　　　　　　　　　　　　）

語句　collect「集める」

3 ［動名詞の用法］次の日本文に合うように，‥‥‥に適切な語を入れなさい。

(1) 彼は料理をすることが好きではありません。

He doesn't like ‥‥‥‥‥‥‥‥‥.

(2) テニスをすることは楽しいです。

‥‥‥‥‥‥‥‥‥ tennis is fun.

(3) トムの趣味（しゅみ）は絵を描くことです。

Tom's hobby is ‥‥‥‥‥‥‥‥ pictures.

(4) 彼は馬に乗るのが得意です。

He is good at ‥‥‥‥‥‥‥‥ a horse.

(5) うそをつくことはよくありません。

‥‥‥‥‥‥‥‥‥ a lie is not good.

語句　「馬に乗る」ride a horse

 2つの～ing形

① 「～すること」の意味を表す場合

（動名詞）My hobby is playing soccer.

②〈be 動詞＋～ing〉の形で進行形に用いられる場合（現在分詞という）

（進行形）I'm playing soccer.

 stopの意味

・stop ～ing

I stopped smoking.

「私はタバコを吸うのを<u>やめました。</u>」

・stop to ～

I stopped to smoke.

「私はタバコを吸うために<u>立ち止まりました。</u>」

 重要な熟語表現

▶前置詞のあとにくる動詞は動名詞の形になる。

・be good at ～ing

「～するのが得意だ」

・be fond of ～ing

「～するのが好きだ」

・without ～ing

「～しないで」

・How about ～ing?

「～するのはどうですか。」

1 次の日本文に合うように，＿＿＿＿に適切な語を入れなさい。(20点)

(1) 私たちは昨日，野球をして楽しみました。

We ＿＿＿＿＿＿ ＿＿＿＿＿＿ baseball yesterday.

(2) あなたはその本を読み終えましたか。

Did you ＿＿＿＿＿＿ ＿＿＿＿＿＿ the book?

(3) 妹はピアノをひくのが得意です。

My sister is good ＿＿＿＿＿＿ ＿＿＿＿＿＿ the piano.

(4) 急に雨が降りやみました。

It ＿＿＿＿＿＿ ＿＿＿＿＿＿ suddenly.

(5) いっしょにコンサートに行くのはいかがですか。

How about ＿＿＿＿＿＿ to a concert together?

🔵 語句　suddenly「急に」　concert「コンサート」　together「いっしょに」

2 次の日本文に合うように，(　)内の語句を並べかえなさい。ただし，必要があれば動詞を適切な形(1語)にかえること。(25点)

(1) マイクはテレビゲームをするのが大好きです。

(is, play, of, video games, fond, Mike, very).

＿＿＿＿＿＿＿＿＿＿＿＿＿＿＿＿＿＿＿＿＿＿＿＿＿＿＿

(2) 彼女はさようならを言わずに行ってしまいました。

(went away, good-by, say, she, without).

＿＿＿＿＿＿＿＿＿＿＿＿＿＿＿＿＿＿＿＿＿＿＿＿＿＿＿

(3) 海水浴はとてもおもしろい。

(the sea, is, swim, in) a lot of fun.

＿＿＿＿＿＿＿＿＿＿＿＿＿＿＿＿＿＿＿＿＿ a lot of fun.

(4) 私はいつかスペインを訪れたい。

I (Spain, to, visit, someday, hope).

I ＿＿＿＿＿＿＿＿＿＿＿＿＿＿＿＿＿＿＿＿＿＿＿＿＿.

(5) その少年たちは話すのをやめました。　(stopped, talk, the boys).

＿＿＿＿＿＿＿＿＿＿＿＿＿＿＿＿＿＿＿＿＿＿＿＿＿＿＿

🔵 語句　be fond of 〜「〜が好きだ」　video game「テレビゲーム」　go away「行ってしまう」

3 次の英文と下線部の用法が同じものを 1 つずつ選び，記号で答えなさい。(15 点)

(1) My mother began <u>practicing</u> the piano last year.　　　(　　)

　ア　My hobby is <u>playing</u> soccer.

　イ　She is <u>studying</u> English now.

　ウ　My uncle was <u>watching</u> TV then.

(2) I have nothing <u>to eat</u> now.　　　(　　)

　ア　I'm sorry <u>to be</u> late.

　イ　She wants <u>to visit</u> Kyoto.

　ウ　There are a lot of places <u>to see</u> in Kyoto.

(3) The baby didn't finish <u>crying</u>.　　　(　　)

　ア　Are the boys <u>playing</u> soccer over there?

　イ　Does he like <u>playing</u> the violin?

　ウ　I was <u>playing</u> video games.

🟡 語句　practice「練習する」　nothing「何も～ない」　place「場所」　baby「赤ちゃん」

4 次の英文を（　）内の指示に従って書きかえなさい。(24 点)

(1) He is a good swimmer.　（be good at ～ を使ってほぼ同じ意味の文に）

----

(2) Let's play soccer after school.　（How about ～? を使ってほぼ同じ意味の文に）

----

(3) I like to run in the morning.　（be fond of ～ を使ってほぼ同じ意味の文に）

----

(4) I listened to the song. I enjoyed it.　（動名詞を使って 1 文に）

----

5 次の日本文を英語にしなさい。(16 点)

(1) 私は昨夜，宿題をし終えました。

----

(2) 英語を話すことは私には難しい。

★—★—★—★—★—★—★—★—★—★—★—★—★—★—★—★—★—★—★—★

ワンポイント
3 (4) want，hope，need，decide などは不定詞のみを目的語にとる動詞。
4 (2) Let's ～. 「～しましょう。」＝ How about ～ing? 「～するのはどうですか。」

Step 3 実力問題

時間 40分　合格点 75点　得点 点

解答▶別冊15ページ

1 次の日本文に合うように，＿＿に適切な語を入れなさい。(20点)

(1) 私は始発電車に間に合うように早く起きました。

I got up early ＿＿＿＿＿＿ ＿＿＿＿＿＿ the first train.

(2) あなたはすぐに新聞を読み終えなければなりません。

You must finish ＿＿＿＿＿＿ the newspaper at once.

(3) あなたは今日することがたくさんありますか。

Do you have many things ＿＿＿＿＿＿ ＿＿＿＿＿＿ today?

(4) メアリーの夢は外国を旅行することです。

Mary's dream is ＿＿＿＿＿＿ ＿＿＿＿＿＿ abroad.

(5) 彼は何も言わずに去りました。

He left without ＿＿＿＿＿＿ a word.

2 次の各組の英文がほぼ同じ意味になるように，＿＿に適切な語を入れなさい。(16点)

(1) He likes to skate in winter.

= He likes ＿＿＿＿＿＿ in winter.

(2) Shall we go to the movies?

= How ＿＿＿＿＿＿ ＿＿＿＿＿＿ to the movies?　〔國学院大久我山高〕

(3) He went out of the room. He did not say good-by.

= He went out of the room ＿＿＿＿＿＿ saying good-by.　〔桃山学院高〕

(4) Father and I played tennis last Sunday. We had a good time.

= Father and I enjoyed ＿＿＿＿＿＿ tennis last Sunday.　〔三 重〕

3 次の各組の英文を，意味のちがいがわかるように日本語にしなさい。(20点)

(1) ① She is studying English.

(　　　　　　　　　　　　　　　　　　　　　　　)

② She likes studying English.

(　　　　　　　　　　　　　　　　　　　　　　　)

(2) ① Tom stopped talking with Emi.

(　　　　　　　　　　　　　　　　　　　　　　　)

② Tom stopped to talk with Emi.

(　　　　　　　　　　　　　　　　　　　　　　　)

記述式 **4** あなたの将来の夢と，その夢が実現したときにしたいことを，次の書き出しに続けて英語で書きなさい。ただし，書き入れる語は4語以上とし，符号(, . ? ! など)は語数に含めないこと。(14点)

(1) 将来の夢

My dream _____

(2) したいこと

I _____

5 次はケンタ(Kenta)とビル(Bill)がお互いの将来について話した会話の一部です。これを読んであとの問いに答えなさい。(30点) 〔神奈川－改〕

Kenta: What do you want to be, Bill?

　Bill: I have no idea.　［　①　］

Kenta: Well, you love the sea, don't you?

　Bill: ［　②　］

Kenta: How about becoming a sailor?

　Bill: A sailor?　That's a good idea.　［　③　］

Kenta: Well, I like the sky and I want to be a pilot.

　Bill: Kenta, I think we can visit many countries!　But ...

Kenta: ［　④　］

　Bill: I can't swim.

Kenta: ［　⑤　］

　Bill: Why?

Kenta: I want to become a pilot, but I can't fly.

注　You love the sea, don't you? 「きみは海が大好きだよね。」　sailor「船乗り」

　　pilot「パイロット，飛行機の操縦士」

(1) 対話の流れに合うように，①～⑤に入れる文として最も適切なものを次から1つずつ選びなさい。(20点)

　　ア　Don't worry about it.　　イ　Sure.　　ウ　How about you?

　　エ　But what?　　オ　Do you have any ideas?

　　①(　　　)　②(　　　)　③(　　　)　④(　　　)　⑤(　　　)

(2) 下線部を日本語にしなさい。(10点)

(　　　　　　　　　　　　　　　　　　　　　　　　　　　　　　　　　)

語句　the first train「始発電車」　go out of ～「～から出る」

45

会 話 表 現 ❶

時 間 **40分**　合格点 **70点**　得 点 　　点

解答▶別冊 16 ページ

1 次の対話文の(　)にあてはまる最も適切な英文をア〜エから選び, 記号で答えなさい。(24点)

(1) *A :* Hello. This is Tom. (　　　)

　　B : Speaking.

　　ア　Just a minute, please.　　イ　May I speak to Lucy, please?

　　ウ　Can I take a message?　　エ　I'll call back later.

(2) *A :* Excuse me. (　　　)

　　B : Go down this street and turn right at the first corner. You'll find it on your left.

　　ア　You can't miss it.　　イ　Which bus goes to the station?

　　ウ　How can I get to the station?　　エ　Sorry, I'm a stranger here.

(3) *A :* Hello. Can I talk to Yuki?

　　B : (　　　)

　　A : Oh, I'm sorry. This is Ken.

　　ア　Hold on, please.　　イ　You have the wrong number.

　　ウ　Sorry, but she's out now.　　エ　May I have your name, please?

(4) *A :* Which train should I take for Tokyo?

　　B : (　　　)

　　ア　Take the train on track 5.　　イ　Change trains at the next station.

　　ウ　About forty minutes.　　エ　Yes, it'll take you there.

🗨 語句　message「伝言」　later「あとで」　track「(電車の)線路」

2 次の日本文に合うように, ＿＿＿に適切な語を入れなさい。(24点)

(1) どちらさまですか。

　　＿＿＿＿＿＿ I ＿＿＿＿＿＿ your name, please?

(2) すみません, 番号をまちがっていますよ。

　　Sorry, you ＿＿＿＿＿＿ the ＿＿＿＿＿＿ number.

(3) 図書館にはどうやって行けばよいですか。

　　＿＿＿＿＿＿ can I ＿＿＿＿＿＿ to the library?

(4) 信号のところで左に曲がりなさい。

　　＿＿＿＿＿＿ left ＿＿＿＿＿＿ the traffic light.

3 次の英文を日本語にしなさい。(18点)

(1) It takes about an hour from here to Tokyo.

(   )

(2) Go straight and turn right at the second corner.

(   )

(3) Hello. May I speak to John, please? — Sorry, he's out now.

(   )

語句　take「(時間など)がかかる」　about「約，およそ」

4 次の日本文を英語にしなさい。(20点)

(1) 伝言をうかがいましょうか。

----

(2) 東京行きのバスに乗ってください。

語句　「〜行きの」for 〜

5 次の対話文を読んで，あとの問いに答えなさい。(14点)

Meg : Excuse me. ①(渋谷へはどうやって行けばいいですか。)

A man : Look at this map. We are here now. Take the Chuo Line from here to Shinjuku and change trains there.

Meg : OK. ②(take, I, from, which, there, should, line)?

A man : Take the Yamanote Line and get off at Shibuya Station.

Meg : You mean the third station from Shinjuku?

A man : That's right.

Meg : ③(時間はどれくらいかかりますか。)

A man : About 30 minutes.

Meg : I see. Thank you very much.

A man : You're welcome.

(1) 文中の①，③の日本文に合う英文になるように，＿＿に適切な語を書きなさい。(8点)

① ＿＿＿＿＿＿ can I ＿＿＿＿＿＿ ＿＿＿＿＿＿ Shibuya?

③ ＿＿＿＿＿＿ ＿＿＿＿＿＿ does ＿＿＿＿＿＿ ＿＿＿＿＿＿?

(2) ②の(　)内の語を並べかえなさい。(6点)

＿＿＿＿＿＿＿＿＿＿＿＿＿＿＿＿＿＿＿＿＿＿＿＿ ?

10 たくさんの友達がいる 〈名詞・代名詞〉

重要点をつかもう

1 I have many **friends**. ☞ポイント①

（私にはたくさんの**友達**がいます。）

2 I have a lot of **money**. ☞ポイント②

（私はたくさんの**お金**を持っています。）

3 Do you know **them**? ☞ポイント③

（あなたは**彼ら**を知っていますか。）

☞ポイント① **数えられる名詞**…単数形と複数形がある。

〈規則変化〉　　dog → dog**s**,　class → class**es**,　city → ci**ties**　など

〈不規則変化〉　woman → women,　child → child**ren**,　fish → fish　など

☞ポイント② **数えられない名詞**

〈固有名詞〉　America（国名・地名），July（月），Sunday（曜日），Tom（人名）など

〈一定の形のないもの〉　water, money, rain, snow など

〈具体的な形のないもの〉　music, love, time など

※数えられない名詞は単数扱い。There isn't any money.「お金がありません。」

☞ポイント③ **人称代名詞のまとめ**

	単数				複数			
	主格	所有格	目的格	～のもの	主格	所有格	目的格	～のもの
1人称	I	my	me	mine	we	our	us	ours
2人称	you	your	you	yours	you	your	you	yours
3人称	he	his	him	his	they	their	them	theirs
	she	her	her	hers				
	it	its	it	—				

Step 1 基本問題

解答▶別冊 16 ページ

1　[数えられる名詞の用法] 次の英文の下線部を複数形に書きか

えるとき，＿＿＿に適切な語を入れなさい。

(1) This dictionary is very useful.

　　→ These ＿＿＿＿＿＿＿ are very useful.

Guide

確認 不規則変化をする名詞の複数形

・foot（足）→ feet

・tooth（歯）→ teeth

・mouse（ネズミ）→ mice

　　　　　　　　など

(2) <u>This</u> woman is my friend.

→ These _____ are my friends.

(3) Look at <u>that</u> child over there.

→ Look at those _____ over there.

🟣 語句　useful「役に立つ」

2 ［数えられない名詞の用法］次の日本文に合うように，_____に適切な語を入れなさい。

(1) 私たちは日曜日に野球をします。

We play _____ on Sunday.

(2) その植物はあまり多くの水を必要としません。

The plant doesn't need much _____.

3 ［人称代名詞の用法①］次の英文の下線部を代名詞に書きかえるとき，_____に適切な語を入れなさい。

(1) <u>Tom</u> is a soccer player.

→ _____ is a soccer player.

(2) <u>Mary</u> has a book.

→ _____ has a book.

(3) Is <u>that boy</u> your cousin?

→ Is _____ your cousin?

🟣 語句　cousin「いとこ」

4 ［人称代名詞の用法②］次の英文の下線部を代名詞に書きかえるとき，_____に適切な語を入れなさい。

(1) <u>Yuko and I</u> will go shopping this afternoon.

→ _____ will go shopping this afternoon.

(2) A man talked to <u>Mike and Becky</u>.

→ A man talked to _____.

(3) Were <u>you and Emi</u> in the room?

→ Were _____ in the room?

第1章
第2章
第3章
第4章
第5章
第6章
第7章
第8章
第9章
第10章
第11章
総仕上げテスト

 複数形の場合

▶主語を複数にした場合は，動詞もそれに合わせて変化させる。
This book is 〜.
→ These books <u>are</u> 〜.

 many と much の使いわけ

many のあとには数えられる名詞(可算名詞)の複数形が続き，much のあとには数えられない名詞(不可算名詞)が続く。
・many の例
　many books
　many people　など
・much の例
　much time
　much rain　など

 数えられない名詞の数え方

一定の形のない液体は容器を単位として数える。
・a cup of tea
　(カップ1杯のお茶)
・a glass of milk
　(グラス1杯のミルク)
　複数を表すときは
・two cups of tea
　(カップ2杯のお茶)

 指示代名詞

・近くのものを指すとき
　this，these
・遠くのものを指すとき
　that，those

49

【 　　月　　日】

時間 40分 　合格点 70点 　得点 点

解答▶別冊 17 ページ

1 次の英文の( )内の語を，必要があれば正しい形に直しなさい。直す必要がないときはそのまま書きなさい。(16点)

(1) I like (winter) very much.

(2) We have two (class) this afternoon.

(3) I send some (money) today.

(4) There are three (library) in our city.

(5) I made some (tea).

(6) Two (Japanese) are in this hotel.

(7) We have a lot of (rain) in June.

(8) There were many (leaf) on the road.

🐦 語句　hotel「ホテル」　leaf「葉」　road「道路」

2 次の名詞のうち，数えられるものには○，数えられないものには×を書きなさい。(9点)

(1) orange 　(　　) 　　(2) bus 　(　　) 　　(3) woman 　(　　)

(4) peace 　(　　) 　　(5) dish 　(　　) 　　(6) town 　(　　)

(7) pencil 　(　　) 　　(8) rain 　(　　) 　　(9) math 　(　　)

🐦 語句　peace「平和」

3 次の日本文に合うように，＿＿＿に適切な語を入れなさい。(15点)

(1) これらは私の本で，あれらはあなたのです。

These are ＿＿＿＿＿＿ books, and ＿＿＿＿＿＿ are ＿＿＿＿＿＿.

(2) 今度の月曜日に映画を見に行きましょう。

Let's go to the ＿＿＿＿＿＿ next Monday.

(3) 向こうにいるあの子どもたちを見てください。

Look at those ＿＿＿＿＿＿ over there.

(4) その家族は何人家族ですか。

How many ＿＿＿＿＿＿ are there in the family?

(5) この町には5人のアメリカ人がいます。

There are five ＿＿＿＿＿＿ in this city.

4 次の日本文に合うように，（　）内の語句を並べかえなさい。(24点)

(1) 私は昨日，宿題がたくさんありました。

（homework，a lot of，I，had）yesterday.

_____ yesterday.

(2) ケンはコーヒーを2杯飲みました。

Ken（coffee，two，of，had，cups）.

Ken _____ .

(3) この前の土曜日は雨がたくさん降りました。

（last，rain，we，a lot of，had）Saturday.

_____ Saturday.

(4) びんにはミルクがたくさん入っていましたか。

（milk，much，there，in，was）the bottle?

_____ the bottle?

5 次の英文を日本語にしなさい。(12点)

(1) May I have another cup of coffee?

（　　　　　　　　　　　　　　　　　　　　　　　　）

(2) Did Mary make this cake by herself?

（　　　　　　　　　　　　　　　　　　　　　　　　）

🍙 語句　by oneself「自分ひとりで」

6 次の日本文に合うように，_____ に適切な語を書きなさい。(24点)

(1) 昨日，雨が激しく降りました。

_____ rained hard yesterday.

(2) 私のコンピュータは古いです。だから新しいのを買いたいです。

My computer is old. So I want to buy a new _____ .

(3) 私はペンをなくしました。しかし，昨日それを見つけました。

I lost my pen. But I found _____ yesterday.

(4) トムとメアリーはおたがいのことを知っています。

Tom and Mary know _____ _____ .

ワンポイント
5 (1) another はある1つのものに対して，「もう1つのもの」という意味。
6 (2)は1文目にある数えられる名詞と同じ種類のものをさすときに使う。

11 上手なテニスの選手です 〈形容詞・副詞〉

重要点をつかもう

1 He is **kind**. (ポイント❶)

（彼は**親切**です。）

2 Ken swims **fast**. (ポイント❷)

（ケンは**速く**泳ぎます。）

3 Tom is a **good** tennis player. (ポイント❸)

（トムは**上手な**テニスの選手です。）

(ポイント❶) **形容詞**…人やものの性質や状態，数量などを表す語。

①**位置**　a [kind] boy 「親切な少年」　　　　He is [kind]. 「彼は親切です。」

あとの名詞を修飾する。　　　　主語を説明している。

②**数量を表す形容詞**

	数えられる名詞の前につく	数えられない名詞の前につく	両方の前につく
たくさんの〜	**many** books	**much** money	**a lot of 〜**
いくつかの〜			**some〔any〕** books **some〔any〕** money
少しの〜	**a few** books	**a little** money	
ほとんど〜ない	**few** books	**little** money	
ひとつもない			**no** books **no** money

(ポイント❷) **副詞**…おもに動詞を修飾する。He gets up [early]. 「彼は早く起きます。」

(ポイント❸) **形容詞と副詞の働きのちがい**

Ken is a [good] tennis player. ＝ Ken plays tennis [well].

形容詞「上手な」　　　　副詞「上手に」

Step ❶ 基本問題

解答▶別冊 18 ページ

1 ［形容詞の用法］次の日本文に合うように，_____ に適切な語を入れなさい。

(1) これは美しい花です。　This is a _____ flower.

(2) このテストはとても難しい。

This test is very _____ .

Guide

（確認）形容詞の用法

・おもにうしろにある名詞や代名詞を修飾。

・be 動詞のあとに置かれ，主語を説明する。

(3) その図書館には本がたくさんあります。

There are _____ books in the library.

(4) 日本では 6 月に雨がたくさん降りますか。

Is there _____ rain in June in Japan?

(5) 何か温かい飲み物が欲しいのですが。

I'd like to have something _____ to drink.

🥟語句　I'd like to ～. 「～したいのですが。」

2 ［副詞の用法］次の日本文に合うように，_____ に適切な語を入れなさい。

(1) マイクは上手にピアノがひけます。

Mike can play the piano _____.

(2) ひろしはとても速く走ります。

Hiroshi runs very _____.

(3) メアリーはたいていケンとテニスをします。

Mary _____ plays tennis with Ken.

(4) ジェーンはいつもみんなに親切です。

Jane is _____ kind to everyone.

(5) 私は博物館に行くために早く起きました。

I got up _____ to go to the museum.

🥟語句　museum「博物館」

3 ［形容詞と副詞］次の各組の英文がほぼ同じ意味になるように，_____ に適切な語を入れなさい。

(1) I play tennis very well.

= I am a very _____ tennis player.

(2) Is there a lot of milk in the bottle?

= Is there _____ milk in the bottle?

(3) That boy is tall.

= That is a _____ _____.

🥟語句　tall「背が高い」

〈-thing＋形容詞〉

something, anything などを修飾するときは，形容詞はうしろに置く。
「何か冷たいもの」
× cold something
○ something cold

some と any

ふつう肯定文では some，疑問文・否定文では any を使う。ただし，依頼・勧誘を表すときや，相手の Yes という応答を期待するときは，疑問文でも some を使う。
Will you have some coffee?
「コーヒーはいかがですか。」

few と little の使いわけ

①a few, few…あとに数えられる名詞(可算名詞)が続く。
②a little, little…あとに数えられない名詞(不可算名詞)が続く。

数えられない名詞

▶ 次のような名詞は 1 つ 2 つと数えられないので，ふつうは複数形にならない。
・meat, snow, wine など，決まった形のない物質を表す名詞。
・peace, love, time など，状態や性質を表し，具体的な形がない名詞。

1 次の英文の( )内から適切な語句を選んで○で囲みなさい。(15点)

(1) Mike stayed in Hokkaido for (a few, a little) weeks.

(2) (Many, Much) people like this song.

(3) There was little (snow, snows) this winter.

(4) Did you drink a few glasses of (wine, wines)?

(5) There are (few, little) mistakes in your report.

🐛語句　wine「ワイン」　mistake「まちがい」　report「レポート」

2 次の日本文に合うように，＿＿＿に適切な語を入れなさい。(15点)

(1) 彼はほとんど読書をしません。

He reads ＿＿＿＿＿＿＿＿＿ books.

(2) 今年の春はほとんど雨が降りませんでした。

We had ＿＿＿＿＿＿＿＿＿ rain this spring.

(3) アメリカで少し友達ができました。

I made ＿＿＿＿＿＿＿＿ ＿＿＿＿＿＿＿ friends in America.

(4) ちょっと時間をください。

Give me ＿＿＿＿＿＿＿＿ ＿＿＿＿＿＿＿ minutes, please.

(5) 私はときどき早く起きて，公園を走ります。

I ＿＿＿＿＿＿＿ get up ＿＿＿＿＿＿＿ and run in the park.

3 次の各組の英文を，意味のちがいがわかるように日本語にしなさい。(20点)

(1) ① There are a few girls on the beach.

(　　　　　　　　　　　　　　　　　　　　　　　　　　　)

② There are few girls on the beach.

(　　　　　　　　　　　　　　　　　　　　　　　　　　　)

(2) ① I had a little money at that time.

(　　　　　　　　　　　　　　　　　　　　　　　　　　　)

② I had little money at that time.

(　　　　　　　　　　　　　　　　　　　　　　　　　　　)

🐛語句　beach「浜辺」

4 次の各組の英文がほぼ同じ意味になるように，_____に適切な語を入れなさい。(25点)

(1) I don't have any money.

= I have _____ money.

(2) She is a good pianist.

= She plays the piano _____.

(3) This movie is interesting.

= This is _____.

(4) I have a lot of homework today.

= I have _____ today.

(5) Does it rain a lot in June?

= Do you _____ rain in June?

5 次の日本文に合うように，( )内の語を並べかえなさい。(25点)

(1) 私たちはたいてい日曜日にテニスをします。

(on, play, we, Sunday, tennis, usually).

_____

(2) 何かおもしろい読み物を持っていますか。

(have, interesting, do, to, anything, you, read)?

_____

(3) 私にはアメリカ人の友達が数人います。

(have, few, I, friends, a, American).

_____

(4) ここでは2月に少し雪が降ります。

(have, a, snow, here, in, we, little) February.

_____ February.

(5) その質問に答えられる人はほとんどいません。

(can, the, answer, people, few, question).

_____

ワンポイント　**4** (5) a lot「たくさん」という意味の副詞。

5 (5)「ほとんどいません」という日本語から否定文を作ると思いがちだが，few「ほとんど〜ない」
を使って肯定文の形で表す。

Step 3 実力問題

1 次の英文の（ ）内から適切な語句を選んで○で囲みなさい。(20 点)

(1) I made (a few, a little, much) mistakes.

(2) Is there (many, much, few) water in the kettle?

(3) I have (few, little, any) books in my bag.

(4) Is (she, him, her) a high school student?

(5) How (long, often, far) does he go to the library a week?

(6) I usually play tennis with (they, their, them).

(7) He always speaks (early, slowly, really).

(8) Is that (he, his, him) car?

(9) This is your racket. Where is (my, her, his)?

(10) There were (some, a little, much) people in front of City Hall.

2 （ ）内の日本語を参考にして，次の英文の＿＿＿に適切な語を書きなさい。(16 点)

(1) Do you have ＿＿＿＿＿＿ snow in winter?　　　　　（たくさんの雪）

(2) There is ＿＿＿＿＿＿＿＿＿ water.　　　　　　　（水が少しある）

(3) There were ＿＿＿＿＿ people in the park.　　　　（人はほとんどいなかった）

(4) I had ＿＿＿＿＿ money with me.　　　　　　　（お金はほとんどなかった）

3 次の日本文に合うように，（ ）内の語を並べかえなさい。(16 点)

(1) コップに少しお茶が入っています。

(little, cup, there, tea, in, is, a, the).

(2) 私は今日，とてもひまでした。

(a, time, of, I, lot, free, had) today.

＿＿＿＿＿＿＿＿＿＿＿＿＿＿＿ today.

(3) 雨の中を散歩に出かける人はほとんどいません。

(go, rain, people, for, the, a, few, walk, in).　　　〔武庫川高〕

(4) 今朝，学校に遅れた生徒はほとんどいませんでした。

(this, late, students, were, school, for, few, morning).　　〔土佐塾高〕

第 1 章
第 2 章
第 3 章
第 4 章
第 5 章
第 6 章
第 7 章
第 8 章
第 9 章
第 10 章
第 11 章
総仕上げテスト

4 次の日本文を英語にしなさい。(18 点)

(1) 彼は昨日早く寝ました。

----

(2) 多くの学生が自分の夢を持っています。

----

(3) この町を訪れる人はほとんどいません。

記述式 **5** 次の対話が成り立つように，質問に対する答えを，主語と動詞を含む英文 1 文でそれぞれ自由に書きなさい。(12 点)

(1) *A :* What do you usually do in your free time?

　　B : --

(2) *A :* How often do you clean your room?

　　B : --

6 次の英文を読んで，下線部①②を日本語にしなさい。(18 点)　　　　　〔岡山－改〕

Last summer I visited an island with my friends. There was a summer school for children.

One day, we went out in the sea with the teacher and saw the corals. ①A lot of colorful fish were swimming around them. He said, "The corals can live only in the clean sea. The clean water is an important environment for them."

The next day we went by boat and watched the dolphins and swam with them in the sea. "Look! Dolphins," the teacher suddenly said and went into the sea. He swam very fast like dolphins. We swam with them, too.

At the summer school I learned a very important thing：②many living things need their own good environment and live together. We must think about the environment.

注　coral「サンゴ」　colorful「色あざやかな」　environment「環境」　dolphin「イルカ」
　　living thing「生き物」

① (　　　　　　　　　　　　　　　　　　　　　　　　　　　　　　　)

② (　　　　　　　　　　　　　　　　　　　　　　　　　　　　　　　)

語句　kettle「やかん」　a week「1 週間につき」

12 日本人ですね　〈付加疑問文・命令文・感嘆文〉

重要点をつかもう

1 You are Japanese, **aren't you?** ポイント❶

（あなたは日本人**ですね**。）

2 **Be** kind to old people. ポイント❷

（お年寄りには親切に**しなさい**。）

3 **Don't** touch it. ポイント❷

（それに触っ**てはいけません**。）

4 **What** a pretty girl (she is)**!** ポイント❸

（（彼女は）**なんて**かわいい女の子でしょう。）

5 **How** clever (he is)**!** ポイント❸

（（彼は）**なんて**賢いのでしょう。）

ポイント❶ **付加疑問文**…「**〜ですね**」「**〜ではありませんね**」と確認したり，念を押す表現。文の終わりに疑問形をつけ加えて表す。

Mr. Kimura is an English teacher, isn't he?　「木村先生は英語の先生ですね。」
　　　　　　　　肯定形→否定形
　　　　　　　主語を代名詞に

ポイント❷ **命令文**…「**〜しなさい**」と相手に命令する表現。動詞の原形（元の形）で文を始める。

「**〜するな，〜してはいけない**」と禁止する命令文は Don't で始める。

ポイント❸ **感嘆文**…「**なんて〜だろう**」と驚きの強い気持ちを表す表現。

What a pretty girl (she is)! → **What**＋(a〔an〕＋)形容詞＋名詞(＋主語＋動詞)**!**

How clever (he is)! → **How**＋形容詞〔副詞〕(＋主語＋動詞)**!**

Step 1 基本問題

解答▶別冊 19 ページ

1 ［付加疑問文の作り方］次の英文の（　）内から適切な語を選んで○で囲みなさい。

(1) He is very tall, (is, isn't, doesn't) he?

(2) You like hamburgers, (aren't, do, don't) you?

(3) She can speak Chinese, (doesn't, can, can't) she?

(4) They went fishing, (did, didn't, aren't) they?

Guide

確認 **付加疑問文の作り方** ①

▶一般動詞の場合は，文のうしろに don't you?, do you? などをつけることに注意。また短縮形をまちがえないこと。

(5) You don't know about her, (are, do, don't) you?

(6) You will go to the library, (will, won't, don't) you?

🍴 語句　hamburger「ハンバーガー」　Chinese「中国語」

2 ［命令文の作り方］次の英文の( )内から適切な語句を選んで
○で囲みなさい。

(1) (Be, Are, Do) kind to your brothers.

(2) (Gets, Get, Getting) up early.

(3) (Does, Do, Did) your homework at once.

(4) (Don't, Doesn't, Didn't) make a mistake.

(5) (Don't, Don't be, Didn't) noisy.

(6) (Listens, Listen, Listening) to me.

🍴 語句　make a mistake「まちがいをする」　noisy「騒がしい」

3 ［What と How の選択］次の英文の( )内から適切な語を選
んで○で囲みなさい。

(1) (What, How) fast he runs!

(2) (How, What) a pretty flower!

(3) (How, What) hard you study!

(4) (What, How) a good camera you have!

(5) (What, How) useful this dictionary is!

(6) (How, What) beautiful birds!

4 ［感嘆文の作り方］次の英文を感嘆文にするとき，_____に適切
な語を書きなさい。

(1) You have a very good idea!

_____ a _____ idea you have!

(2) Mike is very tall.

_____ _____ Mike is!

(3) That is a very big building.

_____ _____ building that is!

くわしく　付加疑問文の作り方 ②

・命令文の場合→ will you? をつける。
Clean your room, will you?

・Let's の場合→ shall we? をつける。
Let's go shopping, shall we?

確認　命令文の形

▶命令文では，
①文の主語を省略する。
②動詞の原形（元の形）で文を始める。

▶「～してはいけません」の文は Don't で始める。

参考　付加疑問文の使い方

▶付加疑問文は，「～ですね」「～でしょう」と，念を押したり，軽く質問するときに使う。念を押すときには下げ調子で発音し，軽く質問するときは上げ調子で発音する。

確認　感嘆文の形

①What（a〔an〕）＋形容詞＋名詞～！
②How＋形容詞〔副詞〕～！
の2つの形がある。文末の〈！〉（感嘆符）を忘れないこと。

1 次の英文の（　）内から適切な語を選んで○で囲みなさい。(16点)

(1) You have a lot of friends, (aren't, don't, do) you?

(2) He is a high school student, (is, isn't, doesn't) he?

(3) She doesn't like baseball, (is, does, doesn't) she?

(4) (Be, Is, Are) a good boy, Tom.

(5) (Isn't, Aren't, Don't) be afraid of dogs.

(6) (What, How, Why) a good pianist she is!

(7) (What, How, Where) well he speaks English!

(8) (What, How, Who) a beautiful garden you have!

　語句　be afraid of ～「～をおそれる」

2 次の各(1), (2)は各組の英文がほぼ同じ意味になるように, (3), (4)は感嘆文に書きかえるとき, ＿＿＿に適切な語を入れなさい。(12点)

(1) You must listen to your teacher, Jack.

　= ＿＿＿＿＿＿＿ to your teacher, Jack.

(2) You must not be careless.

　= ＿＿＿＿＿＿＿ ＿＿＿＿＿＿＿ careless.

(3) His father works very hard.

　→ ＿＿＿＿＿＿＿ ＿＿＿＿＿＿＿ his father works!

(4) She has a very pretty dress.

　→ ＿＿＿＿＿＿＿ ＿＿＿＿＿＿＿ ＿＿＿＿＿＿＿ dress she has!

　語句　careless「不注意な」

3 次の日本文に合うように, ＿＿＿に適切な語を入れなさい。(12点)

(1) リョウ（男性）がこの絵を描いたのですね。

　Ryo painted this picture, ＿＿＿＿＿＿＿ ＿＿＿＿＿＿＿?

(2) 学校に遅れてはいけません。

　＿＿＿＿＿＿＿ ＿＿＿＿＿＿＿ late for school.

(3) 今朝はなんて早く起きたのでしょう。

　＿＿＿＿＿＿＿ early you got up this morning!

4 次の日本文に合うように，（　）内の語を並べかえなさい。(18点)

(1) あなたは 12 歳ですよね。

You (aren't, years, you, twelve, are, old / ,)?

You _____?

(2) すぐにドアを開けなさい。

(at, door, the, once, open).

_____

(3) 彼女はなんて親切な女の子なのでしょう。

(she, girl, what, kind, is, a)!

_____

🌙 語句 「すぐに」at once

5 次の英文を（　）内の指示に従って書きかえなさい。(30点)

(1) You don't have many books. （付加疑問文に）

_____

(2) Kyoko came here yesterday. （付加疑問文に）

_____

(3) You look into his room. （禁止する命令文に）

_____

(4) Your dog is very cute. （How で始まる感嘆文に）

_____

(5) Mary is a very good singer. （What で始まる感嘆文に）

_____

🌙 語句　look into ～「～をのぞきこむ」　cute「かわいい」

6 次の英文を日本語にしなさい。(12点)

(1) John isn't a junior high school student, is he?

(　　　　　　　　　　　　　　　　　　　　　　　　　　　　　　　)

(2) How beautiful that mountain is!

(　　　　　　　　　　　　　　　　　　　　　　　　　　　　　　　)

ワンポイント

1 (4) be 動詞の文の命令文は Be ～ . とする。

3 (1)コンマより前の文が一般動詞の過去の文であることに注目する。また肯定文なので付加疑問は否定形に，主語を代名詞にする。

Step ③ 実力問題

解答▶別冊 21 ページ

1 次の英文の（　）内から適切な語を選んで○で囲みなさい。(16点)

(1) (What, How) kind you are!

(2) (What, How) a beautiful flower!

(3) (How, What) hot it is!

(4) (What, How) fast the horse runs!

(5) (How, What) a clever boy!

(6) (How, What) difficult this question is!

(7) (What, How) a short movie!

(8) (How, What) great songs!

2 次の日本文に合うように，＿＿に適切な語を入れなさい。(15点)

(1) あなたはインドの出身ですよね。

You are from India, ＿＿＿＿＿＿ ＿＿＿＿＿＿?

(2) 静かにしてください。

＿＿＿＿＿＿ quiet, please.

(3) あなたはなんてかわいいドレスを着ているのでしょう。

＿＿＿＿＿＿ ＿＿＿＿＿＿ pretty dress you wear!

(4) 彼はなんて早く寝たのでしょう。

＿＿＿＿＿＿ ＿＿＿＿＿＿ he went to bed!

(5) このあたりで石を投げてはいけません。

＿＿＿＿＿＿ ＿＿＿＿＿＿ stones around here.

3 次の各組の英文がほぼ同じ意味になるように，＿＿に適切な語を入れなさい。(16点)

(1) What a wide river this is!

= This is a ＿＿＿＿＿＿ ＿＿＿＿＿＿ river.

(2) Take care of the baby.

= You ＿＿＿＿＿＿ ＿＿＿＿＿＿ care of the baby.

(3) It was a very wonderful sunset.

= ＿＿＿＿＿＿ ＿＿＿＿＿＿ the sunset was!　　　　　〔安田女子高〕

(4) Please wash your hands.

= Wash your hands, ＿＿＿＿＿＿ ＿＿＿＿＿＿?

4 次の日本文を英語にしなさい。ただし，（　）内の語句を必ず使うこと。(35点)

(1) 彼はたくさん兄弟姉妹がいますね。　（has，brothers and sisters）

- -

(2) その機械に触ってはいけません。　（touch，the machine）

- -

(3) 彼女はなんて美しいドレスを持っているのでしょう。　（a，dress）

- -

(4) 彼は若くありませんね。　（young）

- -

(5) お年寄りには親切にしなさい。　（kind，old people）

- -

(6) この質問は難しいですね。　（question，difficult）

- -

(7) その英語の先生はなんて速く話すのでしょう。　（fast）

- -

5 下の絵は，テーブルに置かれたカードを示しています。これを参考にして次の文を読み，あとの問いに答えなさい。(18点)　　　　　　　　　　　　　　　　　〔兵庫－改〕

You can see Card A on the extreme left of the table. You have four different cards in your hands. You are going to put all these cards on the table. First, put Card C on the extreme right of the table. Second, put Card M next to Card A. Third, put Card H next to Card C. Fourth, put Card R between Card M and H.

Now use all these five cards and make an English word. The word is one of the twelve months of the year. It is （　　　　　　　）.

注　extreme「いちばん端の」

(1) 本文で指示されたようにカードを置くと，どのようにカードは並びますか。右の絵の空欄に合わせて，アルファベットの文字を書きなさい。　　　(10点)

(2) （　）に入る適切な英語1語を書きなさい。(8点)

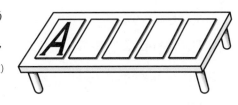

- - - - - - - - - - - - - - - - - -

語句　clever「賢い」　quiet「静かな」　wear「着る」　投げる「throw」　stone「石」　wonderful「すばらしい」
　　　sunset「夕焼け」

63

13 いい先生だと思う 〈and, but, that など〉

重要点をつかもう

1 Emi **and** Kumi are sisters. **ポイント❶**

（エミとクミは姉妹です。）

2 He is rich, **but** he is not happy. **ポイント❶**

（彼は金持ちですが，幸せではありません。）

3 Do you like baseball **or** soccer? **ポイント❶**

（あなたは野球が好きですか，**それとも**サッカー（が好き）ですか。）

4 I think **that** he is a good teacher. **ポイント❷**

（私は，彼はいい先生**だと**思います。）

ポイント❶ 接続詞 **and**，**but**，**or** …2つの語，句，文を結ぶ働きをする。

A **and** B「AとB，AそしてB」 I like <u>tennis and soccer</u>.「テニス**と**サッカー」

A **but** B「AだがB，AしかしB」

　　　　<u>She was tired</u>, <u>but</u> <u>she made dinner</u>. ←前後の文が対立する内容になっている。

　　　　「彼女は疲れていましたが，夕食を作りました。」

A **or** B「AかB，AまたはB」

　　　　<u>Ken or Yumi</u> will come here. 「ケン**か**ユミがここに来ます。」

ポイント❷ 接続詞 **that** …「〜ということ」の意味を表し，that の前とあとの文をつなぐ。

<u>I know</u> **(that)** <u>you want to be a doctor</u>. ←この that は省略することができる。

「私はあなたが医者になりたい**ということ**を知っています。」

Step 1 基本問題

解答▶別冊 22 ページ

1 ［接続詞の用法］次の英文の＿＿＿にあてはまる語を下から選んで書きなさい。

(1) She got up early ＿＿＿＿＿ went to school.

(2) He speaks Japanese, ＿＿＿＿＿ he can't write it.

(3) Which is your pen, this one ＿＿＿＿＿ that one?

(4) I think ＿＿＿＿＿ he is a high school student.

〔 but, that, or, and 〕

Guide

 and, but, or の使いわけ

・and…同じようなことを並べて言う場合に使う。

・but…前と反対のことを言う場合に使う。

・or…2つのうち1つを選ぶ場合に使う。

2 [that の用法] 次の日本文に合うように，_____ に適切な語を入れなさい。

(1) 私は明日は寒くなると思います。

I _____ _____ it'll be cold tomorrow.

(2) 私は彼女がそのテストに合格するといいと思います。

I _____ _____ she will pass the test.

(3) 私はメグがギターをひけることを知っています。

I _____ _____ Meg can play the guitar.

(4) あなたは彼がアメリカ人だと思いますか。

Do you think _____ _____

_____ American?

🔵 語句 「希望する」hope　pass「合格する」

3 [命令文, and〔or〕～. の文] 次の英文の _____ に and か or を入れて，完成した文を日本語にしなさい。

(1) Start at once, _____ you will catch the train.

(_____)

(2) Hurry up, _____ you will miss the bus.

(_____)

(3) Ask him, _____ he will help you.

(_____)

🔵 語句　catch「(乗り物などに)間に合う」　hurry up「急ぐ」　miss「乗り遅れる」
　　　　ask「頼む」

4 [接続詞の意味] 次の日本文に合うように，_____ に適切な語を入れなさい。

(1) マイクとジョンのどちらが勝つでしょうか。

Who will win, Mike _____ John?

(2) 私は彼が好きだし，彼も私が好きです。

I like him _____ he likes me, too.

(3) 私といっしょに来て，そうすれば楽しいですよ。

Come with me, _____ you'll be happy.

確認 接続詞 that の使い方

▶「～ということ」の意味を表す that ～は，疑問文・否定文にも続く。that のあとは〈主語＋動詞〉の語順。

くわしく 接続詞 that と組み合わせて使う動詞

・think (that) ～
「～だと思う」
・know (that) ～
「～ということを知っている」
・hope (that) ～
「～だとよいと思う」

確認 〈命令文, and〔or〕 ～.〉の文

▶ Study hard, and you will pass the test.
「熱心に勉強しなさい，そうすれば試験に合格するでしょう。」
▶ Study hard, or you won't pass the test.
「熱心に勉強しなさい，さもないと試験に合格しないでしょう。」

ひと休み うわさ話は鳥の声？

▶人から聞いた話を I heard that ～「～だそうだ」と言うことがありますが，教えてくれた人を特定したくないときは，I heard from a little bird that ～.「小鳥が教えてくれたんだけどね」というふうに言います。

Step ② 標準問題

解答▶別冊 22 ページ

1 次の英文の( )内から適切な語を選んで○で囲みなさい。(16点)

(1) I visited Kyoto (and, but, or) Nara last year.

(2) He likes tennis, (and, but, or) he's not a good player.

(3) Be quiet, (and, but, or) the baby will wake up.

(4) Is this pencil yours (and, but, or) his?

(5) She worked very hard, (and, but, or) she failed.

(6) I hope (and, but, that) he will be safe.

(7) We think (that, and, but) he told a lie.

(8) My mother says (and, that, or) she likes flowers.

語句 fail「失敗する」 safe「無事な」

2 次の日本文に合うように，＿＿＿に適切な語を入れなさい。(20点)

(1) トムとビルは兄弟だと思います。

I think Tom ＿＿＿＿＿＿ Bill are ＿＿＿＿＿＿.

(2) 私は彼の名前を呼びましたが，彼は返事をしませんでした。

I called his name, ＿＿＿＿＿＿ he didn't ＿＿＿＿＿＿.

(3) あなたか私かどちらかが家にいなければなりません。

Either you ＿＿＿＿＿＿ I ＿＿＿＿＿＿ stay at home.

(4) 明日雨が降らなければいいと思っています。

I hope it ＿＿＿＿＿＿ ＿＿＿＿＿＿ rainy tomorrow.

(5) あなたは彼が正しいと思いますか。

Do you ＿＿＿＿＿＿ he ＿＿＿＿＿＿ right?

3 次の各組の英文がほぼ同じ意味になるように，＿＿＿に適切な語を入れなさい。(24点)

(1) Is that book yours? Is it his?

＝ Is that book yours ＿＿＿＿＿＿ his?

(2) I will be a singer. My parents don't hope so.

＝ My parents don't ＿＿＿＿＿＿ ＿＿＿＿＿＿ I will be a singer.

(3) Emi can speak English. Takashi can speak it, too.

＝ ＿＿＿＿＿＿ Emi ＿＿＿＿＿＿ Takashi can speak English.

(4) She will wash your car tomorrow. Do you hope so?

= Do you hope _____ she _____ _____ your car tomorrow?

重要 👑 4 次の日本文に合うように，（　）内の語句を並べかえなさい。(25点)

(1) この辞書はあなたのものですか，それともお父さんのものですか。

(this dictionary, yours, is, your father's, or)?

---

(2) 彼は貧しかったが，幸せだった。

(poor, he, happy, but, he, was, was / ,).

---

(3) 急ぎなさい。そうすれば間に合うでしょう。

(and, hurry, in time, you, be, up, will / ,).

---

(4) 彼女は10時までには帰ってくると思います。

(think, she, by ten, back, will, I, come, that).

---

(5) 明日は雨が降ると思いますか。

(rainy, think, be, will, you, do, that, it) tomorrow?

_____ tomorrow?

🍪 語句　poor「貧しい」 in time「間に合って」

5 次の2つの英文を，適切な接続詞を使って1つの文に書きかえなさい。(15点)

(1) I play golf. I can't play it well.

---

(2) This bike is mine. I think so.

---

(3) Ken lived in Tokyo. Mary lived in Tokyo, too.

ワンポイント

2 (3)「AかBのどちらか」は，either A or B で表す。
3 (3)「AとBの両方とも」は，both A and B で表す。
5 2つの文の意味をよく考えて，接続詞を使う。

14 子どものころは 〈when, if, because など〉

重要点をつかもう

1 **When** I was a child, I lived in America. （ポイント①）

（子どもの**ころ**，私はアメリカに住んでいました。）

2 **If** it rains, I'll stay at home. （ポイント①）

（**もし**雨が降っ**たら**，私は家にいます。）

3 He was absent **because** he was sick. （ポイント①）

（病気だった**ので**彼は欠席しました。）

4 Wash your hands **before** you eat. （ポイント②）

（食事の**前に**手を洗いなさい。）

（ポイント①） 接続詞 **when**, **if**, **because**…文と文を結ぶ働きをする。

・**when** は「**〜のとき**」と，時を表す。

When I was a child, I liked soccer. = I liked soccer when I was a child.

・**if** は「**もし〜なら**」と，条件を表す。

If it rains tomorrow, I won't go out. = I won't go out if it rains tomorrow.

・**because** は「**〜なので**」と，理由を表す。

Because I was sick, I was absent. = I was absent because I was sick.

（ポイント②） そのほかの「時」を表す接続詞…when のほかに，before 〜「〜の前に」，after 〜「〜のあとに」，as soon as 〜「〜するとすぐに」などがある。

Step 1 基本問題

解答▶別冊 23 ページ

1 ［接続詞の意味］次の英文の（ ）内から適切な語を選んで○で囲みなさい。

(1) (When, Because) you called me, I was sleeping.

(2) I'm hungry (when, because) I didn't have breakfast.

(3) I liked math (if, when) I was a student.

(4) (If, Because) you hurry up, you'll catch the bus.

(5) Let's go fishing with me (when, after, because) you eat lunch.

語句 go fishing「つりに行く」

Guide

 接続詞の用法

▶2つの文をつないでまとまりのある内容を表すためには，接続詞が必要。時や条件を表す when, if, before, after などの中では，未来のことも現在形で表す。

2 [接続詞の位置] 次の日本文に合うように，_____に適切な語を入れなさい。

(1) 彼女はとても親切なので，私は彼女が好きです。

I like her _____ she is very kind.

(2) もし明日雨が降ったら，私は出かけないでしょう。

I won't go out _____ it rains tomorrow.

(3) 彼が出かけたとき，雨が降りだしました。

It began to rain _____ he went out.

(4) その通りを渡るとき，注意しなければいけません。

_____ you cross the street, you must be careful.

(5) もしあなたが困ったら，助けてあげましょう。

_____ you're in trouble, I'll help you.

🔵 語句　cross「渡る」　be in trouble「困っている」

3 [接続詞の使い方] 次の日本文に合うように，（　）内の語句を並べかえなさい。

(1) お腹がすいたら，このパンを食べていいです。

(you，eat，hungry，if，can，you're / ,) this bread.

_____ this bread.

(2) あなたはとても若いので，そこに1人では行けません。

(can't，you，alone，go，there，very，because，you're) young.

_____ young.

(3) 彼が子どものとき，彼の家族はとてもお金持ちでした。

(he，very rich，when，was，his family，was) a child.

_____ a child.

(4) 母が帰ってくる前に，私は夕食を作るつもりです。

I (my mother，make，home，before，dinner，comes，will).

I _____ .

参考　Why ～? と Because ～.

▶ Why ～? の疑問文に Because ～. で理由を答えることができる。
Why were you absent?
「なぜ欠席したの。」
Because I was sick.
「病気だったからです。」

確認　接続詞の位置

▶ when，if，because を使って2つの文を結ぶとき，それぞれの文の意味を考えて，どちらの文に接続詞をつければよいかを考える。

接続詞をつけたほうの文を全体の前のほうに置く場合は，あとの文との間にコンマ(,)をつけるのを忘れないこと。
When A ， B .
= B when A .
If A ， B .
= B if A .

くわしく　接続詞を使った表現

・both A and B
　「AもBも両方とも」
・either A or B
　「AかBのどちらか」
・not only A but also B
　「AだけでなくBも」
・while ～「～する間」
・until〔till〕～「～するまで」

Step **2** 標準問題

解答▶別冊 23 ページ

1 次の日本文に合うように，＿＿＿に適切な語を入れなさい。(12点)

(1) 寝る前に，歯をみがきなさい。

Brush your teeth ＿＿＿＿＿＿＿ you go to bed.

(2) 私はのどが乾いていたので，たくさんの水を飲みました。

I drank a lot of water ＿＿＿＿＿＿ I was thirsty.

(3) 私が帰宅するとすぐに雨が降り始めました。

＿＿＿＿＿ ＿＿＿＿＿ ＿＿＿＿＿ I got home, it began to rain.

🍔 語句　thirsty「のどの乾いた」

2 次の各組の英文がほぼ同じ意味になるように，＿＿＿に適切な語を入れなさい。(20点)

(1) I lived in London.　I was a child then.

= I lived in London ＿＿＿＿＿ I ＿＿＿＿＿ a child.

(2) My father reads the newspaper before he has breakfast.

= My father has breakfast ＿＿＿＿＿ he ＿＿＿＿＿ the newspaper.

(3) Study hard, and you will pass the test.

= ＿＿＿＿＿ ＿＿＿＿＿ study hard, you will pass the test.

(4) She got home.　She went to bed at once.

= She went to bed ＿＿＿＿＿ ＿＿＿＿＿ as she got home.

(5) Hurry up, or you will be late.

= ＿＿＿＿＿ you ＿＿＿＿＿ hurry up, you will be late.

3 次の英文の( )内から適切な語句を選んで○で囲みなさい。(10点)

(1) I took a taxi (if, because, after) I had to catch the last train.

(2) (If, When, Because) I was reading a book, he called on me.

(3) (If, Before, Because) you are sleepy, you can go to bed.

(4) Finish your homework before your father (will come, come, comes) back.

(5) Everyone will be happy if you (help, are helping, will help) us.

🍔 語句　taxi「タクシー」　the last train「最終電車」　call on ～「～を訪ねる」　sleepy「眠い」

4 次の日本文に合うように，（　）内の語句を並べかえなさい。(24点)

(1) 朝起きたら顔を洗いなさい。

When (in the morning, your face, wash, you, get up / ,).

When _____ .

(2) 明日雨だったら彼は家にいるでしょう。

He will be (if, is, it, tomorrow, at home, rainy).

He will be _____ .

(3) あなたがパーティーに来なかったら彼女は悲しむでしょう。

She will be (you, sad, come, the party, if, to, don't).

She will be _____ .

(4) あなたが手伝ってくれたので私は宿題を終えることができました。

I was able to (my homework, me, because, finish, helped, you).

I was able to _____ .

5 次の英文を（　）内の指示に従って書きかえなさい。(18点)

(1) Let's start. He comes back. （when を使って1つの文に）

----

(2) I'll go fishing. It will be fine tomorrow. （if を使って1つの文に）

----

(3) Please lend the book to me after you finish reading it. （日本語に）

(　　　　　　　　　　　　　　　　　　　　　　　　　　　　　　　　　）

🐚 語句　lend「貸す」

6 次の日本文を（　）内の接続詞を使って英語にしなさい。(16点)

(1) 私は疲れていたので，早く寝ました。(because)

----

(2) 右に曲がれば郵便局が見えます。(if)

🐚 語句　「郵便局」post office

★━☆━★━☆━★━☆━★━☆━★━☆━★━☆━★━☆━★━☆━★━☆━★━☆━★━☆━★━☆━★━☆━★━☆

ワンポイント
3 (4)(5)接続詞をつけて時や条件を表す文の中では，未来のことも現在形を使って表す。
4 (1)「朝起きたら」→「朝起きたとき」と考える。接続詞 when が文頭にあることから，「朝起きたとき」を表す部分が先にくる。

71

Step ③ 実力問題

時間	合格点	得点
40分	75点	点

解答▶別冊 24 ページ

1 　次の日本文に合うように，＿＿＿に適切な語を入れなさい。(20 点)

(1) 私は，あなたは学校に遅刻すると思います。

　　I ＿＿＿＿＿ ＿＿＿＿＿ you'll be late for school.

(2) もし 6 時に起きれば，あなたはその電車に間に合うでしょう。

　　＿＿＿＿＿ ＿＿＿＿＿ get up at six, you will ＿＿＿＿＿ the train.

(3) 昼食の前には手を洗いなさい。

　　Wash your hands ＿＿＿＿＿ ＿＿＿＿＿ have lunch.

(4) 今日は雨が降っていたので，私は散歩しませんでした。

　　I didn't take a walk ＿＿＿＿＿ it was raining today.

重要 2 　次の英文に続くものとして最も適切なものを下のア～カから 1 つずつ選び，（　）にその記号を書きなさい。(20 点)

(1) Koji couldn't go out （　　　）.

(2) My brother watched TV （　　　）.

(3) He will be able to speak English well （　　　）.

(4) Hurry up, （　　　）.

(5) He brushes his teeth （　　　）.

　　ア　or you will catch the train

　　イ　after he finished his homework

　　ウ　because he was ill in bed

　　エ　before he goes to bed

　　オ　and you will be in time for the lesson

　　カ　if he studies it hard

3 　次の日本文を（　）内の語句を使って英語にしなさい。(20 点)

(1) 私は来週の日曜日，晴れたらいいなと思います。　　(fine，next)

＿＿＿＿＿＿＿＿＿＿＿＿＿＿＿＿＿＿＿＿＿＿＿＿＿＿＿＿＿＿＿＿

(2) 私は散歩をしたあと，朝食を食べます。　　(take a walk，after)

＿＿＿＿＿＿＿＿＿＿＿＿＿＿＿＿＿＿＿＿＿＿＿＿＿＿＿＿＿＿＿＿

4 次の手紙文を読んで，下の問いに答えなさい。(40点)　　　　　　　　　〔沖縄-改〕

July 10, 2020

Dear Mr. and Mrs. Smith,

I'm very happy. I'm going to stay with you next month. My teacher told this news to me yesterday. So I'm writing to you now.

I'll write about myself and my family. My name is Seiko Yamada, a fifteen-year-old high school girl student. My hobbies are playing tennis, playing the piano (①) cooking. I also enjoy popular music. I like English. So I am going to study it hard in America. I'd like to teach English at college some day.

My father is a doctor. My mother doesn't have a job, (②) she is very busy (③) she must do many things at home for us. I don't have any brothers (④) sisters. My parents love me very much. I think they will miss me a lot (⑤) I leave Japan.

I'm going to come to see you soon.

Yours,

Seiko Yamada

注 miss「～がいなくてさびしい」

(1) 本文中の空所①～⑤に入れるのに最も適切な語を下の**ア～カ**の中からそれぞれ選び，記号で答えなさい。ただし，それぞれ1度ずつしか使えません。(30点)

ア and 　**イ** because 　**ウ** but 　**エ** or 　**オ** that 　**カ** when

①(　　　) 　②(　　　) 　③(　　　) 　④(　　　) 　⑤(　　　)

(2) 次の問いに対する適切な答えを**ア～エ**の中から1つ選び，記号で答えなさい。(10点)

Question : What does Seiko say in this letter?

Answer : (　　　)

ア She is telling Mr. and Mrs. Smith about her and her family.

イ She is telling her parents in America about her school life.

ウ She says "Thank you" to Mr. and Mrs. Smith for their letter.

エ She is telling her parents about Mr. and Mrs. Smith.

語句　be in time for ～「～に間に合う」

73

15 鳥がさえずる 〈文型：(1) SV ／ SVC ／ SVO〉

重要点をつかもう

1 Birds **sing** in the tree. 〔ポイント❶〕

（鳥たちが木で**さえずる。**）

2 John **is** my brother. 〔ポイント❷〕

（ジョンは私の兄〔弟〕**です。**）

3 We **ate** lunch at two. 〔ポイント❸〕

（私たちは 2 時に昼食を**食べました。**）

文を構成する要素は，**主語(S)**，**動詞(V)**，**補語(C)**，**目的語(O)**の 4 つ。

〔ポイント❶〕　〈**S＋V**〉の形で「**～は…する**」の意味を表す。

> Birds　sing　in the tree.
> 主語　　動詞　　修飾語句　　　←修飾語句がなくても文は成り立つ。

〔ポイント❷〕　〈**S＋V＋C**〉の形で「**～は…である**」などの意味を表す。**S ＝ C の関係**が成り立つ。

> John　is　my brother.　〔John＝my brother〕
> 主語　動詞　　補語

> The boy　became　a tennis player.　〔The boy＝a tennis player〕

> 「その少年はテニス選手になりました。」

> She　looks　happy.　〔She＝happy〕「彼女はうれしそうです。」

〔ポイント❸〕　〈**S＋V＋O**〉の形で「**～は—を…する**」の意味を表す。**S ≠ O の関係**が成り立つ。

> I　ate　lunch.　〔I ≠ lunch〕「私は昼食を食べました。」
> 主語　動詞　目的語

Step 1 基本問題

解答▶別冊 25 ページ

1 ［〈S＋V〉の文〕次の日本文に合うように，＿＿＿＿に適切な語を入れなさい。

(1) 私は昨日，家にいました。

　　＿＿＿＿＿＿＿　＿＿＿＿＿＿＿＿＿＿ at home yesterday.

(2) 彼はとても上手に歌います。

　　＿＿＿＿＿＿＿＿＿＿＿＿＿＿＿＿＿ very well.

(3) あなたは歩いて学校へ行きますか。

　　Do ＿＿＿＿＿＿＿＿＿＿＿＿＿＿ to school?

Guide

 〈S＋V〉でよく使われる動詞

- be 動詞「～がいる」
- come「来る」
- go「行く」
- run「走る」
- walk「歩く」
- sing「歌う」
- smile「ほほえむ」

2 ［〈S＋V＋C〉の文］次の英文を日本語にしなさい。

(1) My father was very angry.

(   )

(2) Hideki became a doctor.

(   )

(3) She looks sad.

(   )

(4) I felt very happy.

(   )

🗨 語句　angry「怒った」

3 ［〈S＋V＋O〉の文］次の英文の目的語を書きなさい。

(1) Did you watch TV last night?   ----------------------

(2) I will visit Kyoto next month.   ----------------------

(3) They speak English and French in Canada.   ----------------------

(4) Clean the room at once.   ----------------------

(5) What did you do yesterday?   ----------------------

(6) Jane wants to talk with you.   ----------------------

(7) Did you enjoy staying in Japan?   ----------------------

4 ［文型の区別］次の英文が〈S＋V〉の文型ならア，〈S＋V＋C〉の文型ならイ，〈S＋V＋O〉の文型ならウと，それぞれ記号で答えなさい。

(1) I usually walk in the park.   (   )

(2) My father likes golf very much.   (   )

(3) Your mother works very hard.   (   )

(4) My car is very old.   (   )

(5) Your idea sounds nice.   (   )

(6) He is a Japanese scientist.   (   )

(7) The boys stopped talking.   (   )

(8) Do you like to swim in the river?   (   )

🔍確認　**S＝C の関係**

▶文中の語が補語(C)か目的語(O)かは，主語(S)との関係から判断する。

She looks sad.
S   V   C

〔She＝sad の関係〕

📖参考　**〈S＋V＋C〉でよく使われる動詞**

・be 動詞「～です」
・become「～になる」
・look「～に見える」
・get「～になる」
・feel「～に感じる」
・sound「～のように思われる」

📖参考　**〈S＋V＋O〉でよく使われる動詞**

・want「～を欲する」
・like「～を好む」
・have「～を持っている」
・read「～を読む」
・speak「～を話す」
・write「～を書く」

🎓くわしく　**〈S＋V＋O〉の目的語(O)**

▶目的語になるのは名詞だけではない。

I ate lunch.(昼食＝名詞)
I want to buy a bike.(自転車を買うこと＝不定詞句)
We enjoyed playing tennis.(テニスをすること＝動名詞句)
I know that you are a doctor.(あなたが医者であること＝ that 節)

【 　 月　　　日】

時 間 **40**分 　合格点 **70**点 　得 点 　　　点

解答▶別冊 25 ページ

1 次の英文の（ ）内から適切な語句を選んで○で囲みなさい。(20点)

(1) Jane (is, has, does) three sisters.

(2) You can (be, have, do) a president.

(3) Ken is (sleep, sleeping, slept) in bed now.

(4) There (does, has, is) a book on the table.

(5) Did you finish (do, doing, to do) your homework?

(6) Do you want (come, coming, to come) with me?

(7) Junko (is, does, comes) my sister.

(8) Did he (go, become, became) a doctor?

(9) What a pretty dress you (are, wear, become)!

(10) How did you (be, make, become) this cake?

🟡 語句　president「社長，大統領」

2 次の日本文に合うように，（ ）内の語句を並べかえなさい。(20点)

(1) あなたはテニスが上手になるでしょう。

You (become, player, a, tennis, will, good).

You ....

(2) 彼女はそのニュースを聞いたとき，悲しそうに見えました。

She (sad, heard, the news, looked, when, she).

She ....

(3) 彼女は日本では人気歌手ですね。

She (popular, is, in, a, singer, Japan), isn't she?

She .... , isn't she?

(4) あなたは自分の部屋の掃除は終わったのですか。

(cleaning, finish, room, did, your, you)?

....

(5) あなたは将来何になりたいのですか。

(want, what, be, you, do, to) in the future?

.... in the future?

🟡 語句　popular「人気がある」

3 次の各組の英文がほぼ同じ意味になるように，_____ に適切な語を入れなさい。(25点)

(1) We had a lot of rain in June.

= _____ _____ a lot in June.

(2) He plays tennis very well.

= He _____ a very _____ tennis player.

(3) Tom is our English teacher. = Tom _____ English to us.

(4) Mary is a very fast runner. = Mary _____ very _____ .

(5) There are seven days in a week. = A week _____ seven days.

4 次の日本文に合うように，_____ に適切な語を入れなさい。(15点)

(1) 私はお金持ちに見えるかもしれませんが，貧しいです。

I may _____ rich, _____ I'm poor.

(2) 彼らはイタリアでサッカーをするつもりです。

They are _____ _____ soccer in Italy.

(3) その飛行機は空中でどのようにして飛ぶのですか。

_____ does the airplane _____ in the air?

🍀 語句　rich「お金持ちの」　airplane「飛行機」　in the air「空中で」

5 次の日本文を英語にしなさい。(20点)

(1) 彼らは試合のあと，とても疲れているように見えました。

_____

(2) この川で泳いではいけません。

_____

(3) 私たちは昨年の冬はスキーをして楽しみました。

_____

(4) 私は彼女が数学の先生であることを知っています。

_____

🍀 語句　「試合のあと」after the game

ワンポイント

5 (1)〈look＋形容詞〉=「~のように見える，~そうだ」という表現を覚えよう。

(3)「~をして楽しむ」は enjoy ~ing で表す。ski の ing 形は skiing。

(4)「~ということを知っている」は know (that)~ で表す。

16

第 8 章 文 型　　　　　　　　　　　　　【　　月　　日】

彼は私にこの本をくれた 〈文型：⑵ SVOO／SVOC〉

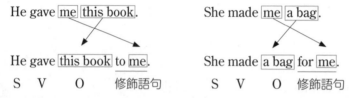

重要点をつかもう

☐1 He **gave** me this book. 〔ポイント❶〕

（彼は私にこの本をくれました。）

☐2 We **call** him Bob. 〔ポイント❷〕

（私たちは**彼をボブと呼びます**。）

〔ポイント❶〕 〈**S＋V＋O＋O**〉の形で「**―に～を…する**」の意味を表す。目的語(O)が２つあり，「**(人)に**」と「**(物)を**」の意味を表す。

He　　gave　　me　　this book.　「彼は 私にこの本を くれました。」
S　　　V　　　O「―に」　O「～を」

※ SVOO の文は SVO の文に書きかえることができる。動詞によって to や for を用いる。

He gave me this book .　　　　She made me a bag .

He gave this book to me .　　　She made a bag for me .
S　　V　　O　　修飾語句　　　　S　　V　　O　　修飾語句

〔ポイント❷〕 〈**S＋V＋O＋C**〉の形で「**～を―と…する**」の意味を表す。**目的語(O)＝補語(C)**の関係。

　　　　　　　　┌ ＝ ┐〔him ＝ Bob の関係が成り立つ〕
We　call　him　Bob.　「私たちは彼をボブと呼びます。」
S　　V　　O　　C

Step ① 基本問題

解答▶別冊 26 ページ

☐1 ［補語と目的語］次の日本文に合うように，_____ に適切な語を入れなさい。

⑴ トムは私たちに英語を教えてくれます。

　Tom ＿＿＿＿＿＿＿ ＿＿＿＿＿＿＿ English.

⑵ 私たちは彼をジョンと呼んでいます。

　We ＿＿＿＿＿＿＿＿＿＿＿＿＿ John.

⑶ 私にいくつかのおもしろい話をしてください。

　Please ＿＿＿＿＿＿＿ ＿＿＿＿＿＿＿ some interesting

　stories.

Guide

確認 O ＝ C の関係

・〈S＋V＋O＋C〉の文では
O ＝ C になる。

・〈S＋V＋O＋O〉の文では
この関係はない。

参考 SVOC の文型をとる動詞

・call 「～を…と呼ぶ」

・name 「～を…と名づける」

・make 「～を…にする」

など

(4) 私はあなたにすてきなプレゼントをあげましょう。

I'll _____ _____ a nice present.

(5) 私をケンと呼んでください。

Please _____ _____ Ken.

2 [目的語の語順] 次の各組の英文がほぼ同じ意味になるように, _____に適切な語を入れなさい。

(1) Mary gave me some cookies.

= Mary gave some cookies _____ .

(2) Mr. Oka teaches us Japanese.

= Mr. Oka teaches Japanese _____ .

(3) My uncle sent me a Christmas card last year.

= My uncle sent a Christmas card _____ _____ last year.

(4) I'll tell you an interesting story.

= I'll tell an interesting story _____ .

(5) Yuka made Miki a pretty doll.

= Yuka made a pretty doll _____ .

(6) Father bought me a new bike for my birthday.

= Father bought a new bike _____ for my birthday.

3 [文型の区別] 次の英文が〈S＋V＋O＋O〉の文型ならア,〈S＋V＋O＋C〉の文型ならイとそれぞれ記号で答えなさい。

(1) Ms. White teaches us English.　　　（　　）

(2) Mike gave me a wonderful present.　（　　）

(3) The news made me happy.　　　　　（　　）

(4) Please show me your album.　　　　（　　）

(5) Will you bring me some water?　　　（　　）

(6) You can call me Jack.　　　　　　 （　　）

(7) I'll tell you something important.　 （　　）

(8) What do you call this flower in English?（　　）

🍀 語句　bring「持ってくる」

参考　〈S＋V＋O＋O〉でよく使われる動詞

・give「〜に…を与える」
・tell「〜に…を言う」
・show「〜に…を見せる」
・send「〜に…を送る」
・buy「〜に…を買う」
・make「〜に…を作る」
・lend「〜に…を貸す」
・teach「〜に…を教える」
　　　　　　　　など

確認　物＋to〔for〕＋人

▶〈S＋V＋物＋to〔for〕＋人〉の文で, 動詞が make, buy, find, get のときは〈物＋for＋人〉になることに注意。そのほかの多くの場合は to を使う。

ひと休み　風邪を「与える」?

▶友達や家族から風邪をうつされた経験はありませんか。そんなときは SVOO の文を使ってこんなふうに言えます。My mom gave me her cold. 直訳すると「お母さんが私に風邪をくれた。」ですが,「お母さんの風邪がうつった。」という表現です。

Step ② 標準問題

時間 40分　合格点 70点　得点 　　点

解答▶別冊 27 ページ

1 次の英文の（　）内から適切な語句を選んで○で囲みなさい。(20点)

(1) Do you call (him, to him, for him) Bill?

(2) I will give this bag (you, for you, to you).

(3) Ken sent (we, our, us) a New Year's card.

(4) She made a pretty dress (my daughter, to my daughter, for my daughter).

(5) The teacher told (the boys, to the boys, for the boys) an interesting story.

(6) Your uncle gave (you, to you, for you) the tennis racket, didn't he?

(7) He taught (our, we, us) English. 〔豊川高〕

(8) A cow (drinks, eats, gives) us milk. 〔明星高〕

(9) My father will buy (to me, for me, me, my) a guitar. 〔三重高〕

(10) What do you (talk, speak, look, call) your cat?

🐾語句　New Year's card「年賀状」　cow「雌牛」

2 次の日本文に合うように，＿＿に適切な語を入れなさい。(20点)

(1) 私に病院へ行く道を教えてください。

　　Please tell ＿＿＿＿＿ ＿＿＿＿＿ ＿＿＿＿＿ to the hospital.

(2) 私にあなたの本を見せてくださいませんか。

　　Will ＿＿＿＿＿ ＿＿＿＿＿ ＿＿＿＿＿ your book?

(3) 彼らはその犬を「ポチ」と名づけました。

　　They ＿＿＿＿＿ ＿＿＿＿＿ ＿＿＿＿＿ "Pochi."

(4) 母は私に新しい自転車を買ってくれました。

　　My mother ＿＿＿＿＿ ＿＿＿＿＿ a new bike.

(5) 昨年，彼女は私たちに理科を教えてくれました。

　　She ＿＿＿＿＿ ＿＿＿＿＿ ＿＿＿＿＿ last year.

🐾語句　「～への道」the way to ～　hospital「病院」　「理科」science

3 次の各組の英文がほぼ同じ意味になるように，＿＿に適切な語を入れなさい。(20点)

(1) Father bought me a dictionary.

　　＝Father bought a dictionary ＿＿＿＿＿ ＿＿＿＿＿.

(2) Mr. Yamada was our teacher of French.

　　＝Mr. Yamada ＿＿＿＿＿ ＿＿＿＿＿ French. 〔四天王寺高〕

第1章

第2章

第3章

第4章

第5章

第6章

第7章

第8章

第9章

第10章

第11章

総仕上げテスト

(3) Her name is Nancy.

= We call ＿＿＿＿＿ ＿＿＿＿＿ .　　　　　　　　　　　〔東洋大付属姫路高〕

(4) What is the name of that river?

= What ＿＿＿＿＿ you ＿＿＿＿＿ that river?　　　　　〔新潟第一高〕

4 次の日本文に合うように，（ ）内の語句を並べかえなさい。(20点)

(1) 私のおばは私の誕生日にすてきなプレゼントをくれました。

(me, my aunt, for, gave, a nice present) my birthday.

＿＿＿＿＿＿＿＿＿＿＿＿＿＿＿＿＿＿＿＿＿＿ my birthday.

(2) 彼の名前はトムですが，私たちはトミーと呼びます。

His name (Tommy, is, him, Tom, we, but, call / ,).

His name ＿＿＿＿＿＿＿＿＿＿＿＿＿＿＿＿＿ .

(3) 母は私たちにおいしい夕食を作ってくれるでしょう。

My mother (us, dinner, will, good, make, a).

My mother ＿＿＿＿＿＿＿＿＿＿＿＿＿＿＿＿＿ .

(4) 父は私に父のお気に入りの絵を見せてくれました。

(his, showed, father, pictures, my, favorite, me).

＿＿＿＿＿＿＿＿＿＿＿＿＿＿＿＿＿＿＿＿＿＿＿＿

5 次の日本文を英語にしなさい。(20点)

(1) あなたのバッグを私に見せてください。

＿＿＿＿＿＿＿＿＿＿＿＿＿＿＿＿＿＿＿＿＿＿＿＿

(2) あなたは彼に何をあげたのですか。

＿＿＿＿＿＿＿＿＿＿＿＿＿＿＿＿＿＿＿＿＿＿＿＿

(3) 私の母は私に新しいドレスを1着買ってくれました。

＿＿＿＿＿＿＿＿＿＿＿＿＿＿＿＿＿＿＿＿＿＿＿＿

(4) この動物をフランス語で何と言いますか。　　　　　　　　　〔土佐高〕

＿＿＿＿＿＿＿＿＿＿＿＿＿＿＿＿＿＿＿＿＿＿＿＿

🍘 語句 「フランス語で」in French

★─☆─★─☆─★─☆─★─☆─★─☆─★─☆─★─☆─★─☆─★─☆─★─☆─★─☆─★

ワンポイント

2 (3)「A を B と名づける」は〈name＋A＋B〉で表す。

3 (2)「私たちのフランス語の先生だった」→「私たちにフランス語を教えた」

Step ③ 実 力 問 題

時間 40分　合格点 75点　得点 点

解答▶別冊 27 ページ

1 次の英文の( )内から適切な語句を選んで○で囲みなさい。(10点)

(1) The gentleman lent (me, to me, for me) his pen.

(2) Mother made a big cake (us, to us, for us).

(3) Ms. Green teaches (us, to us, for us) history.

(4) Who gave that money (you, to you, for you)?

(5) My uncle will buy (me, to me, for me) a new bag.

2 次の日本文に合うように，＿＿＿＿に適切な語を入れなさい。(20点)

(1) 鈴木先生は私たちに英語を教えてくれます。

　　Ms. Suzuki ＿＿＿＿＿＿＿ ＿＿＿＿＿＿＿ English.

(2) 母は私に新しい CD を買ってくれるでしょう。

　　My mother will buy a new CD ＿＿＿＿＿＿＿ ＿＿＿＿＿＿＿.

(3) 彼はあなたにそのお金をあげたのですか。

　　Did he give the money ＿＿＿＿＿＿＿＿＿＿＿＿＿?

(4) あの山を何と呼びますか。

　　What ＿＿＿＿＿＿＿ you ＿＿＿＿＿＿＿ that mountain?

(5) あなたの笑顔で私は幸せになりました。

　　Your smile ＿＿＿＿＿＿＿ ＿＿＿＿＿＿＿ happy.

3 次の英文を( )内の指示に従って，ほぼ同じ意味の文に書きかえなさい。(25点)

(1) Yuki bought me a birthday present.　(SVO の文型の文に)

----

(2) Is she going to teach us English?　(SVO の文型の文に)

----

(3) When I saw Miki yesterday, I thought that she was tired.

(look を使って SVC の文型の文に)

----

(4) They became sad when they heard the news.　(make を使って SVOC の文型の文に)

----

(5) What is the name of that flower?　(call を使って SVOC の文型の文に)

----

4 次の質問に対する答えをそれぞれ自由に書きなさい。(15点)

(1) What did you eat for dinner yesterday?

----

(2) What do your family and friends call you?

----

(3) What did your parents or friends buy for your birthday?

----

5 次の会話文を読んで，あとの問いに答えなさい。(30点)　〔愛知－改〕

Koji : The World Cup is exciting. I love soccer. Do you like it, Mr. Smith?

Mr. Smith : 　①　 People in America and people in Britain speak English, but they sometimes use different words to mean the （　Ⓐ　） thing.

Koji : Oh, really? That's interesting. 　②　

Mr. Smith : Yes, there are. People in London think they will play hockey on the grass when they say, "How （　Ⓑ　） playing hockey?" But when people in New York hear that, they think they will play it on the ice because hockey is ice hockey in America.

Koji : 　③　 Can you understand people in America when you talk with them?

Mr. Smith : Sometimes we misunderstand them. But you don't have to become worried about that. After （　Ⓒ　）, English is English.

注　hockey「ホッケー」　grass「芝生」　ice「氷」　misunderstand「誤解する」　worried「心配な」

(1) 空所①～③に入れるのに最も適切なものを次のア～クの中から選び，記号で答えなさい。ただし，同じ記号は2度使えない。(15点)

　ア　There's no problem.　　　　　イ　Which do you like better?

　ウ　Are there any other examples?　エ　That must be a problem.

　オ　No, I like spring the best.　　カ　I don't care at all.

　キ　Yes, but we call it football.　　ク　What shall I do?

　①（　　　　　）　②（　　　　　）　③（　　　　　）

(2) 空所Ⓐ～Ⓒに適切な語を1語ずつ入れなさい。(15点)

　Ⓐ ----------------　Ⓑ ----------------　Ⓒ ----------------

語句　gentleman「紳士」

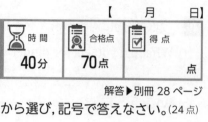

会 話 表 現 ❷

時 間 40分　合格点 70点　得 点 点

解答▶別冊 28 ページ

1 次の対話文の（　）にあてはまる最も適切な英文をア～エから選び, 記号で答えなさい。(24点)

(1) *A* : （　　　　）

　　B : Yes, please. I'm looking for a T-shirt.

　　ア　How much is it?　　　　　　　　イ　What size are you looking for?

　　ウ　May I help you?　　　　　　　　エ　It's too large for me.

(2) *A* : （　　　　）

　　B : A sandwich and a cup of coffee, please.

　　ア　What would you like?　　　　　　イ　I'll have the same.

　　ウ　No, thank you. I'm full.　　　　エ　Could I take a look at the menu?

(3) *A* : I'm looking for a sweater.

　　B : Certainly. ① （　　　　）

　　A : Oh, it looks nice. ② （　　　　）

　　B : Sure.

　　①　ア　How does it look?　　　　　イ　How about this one?

　　　　ウ　What color would you like?　エ　Will you show me another one?

　　②　ア　What do you think?　　　　　イ　Here's your change.

　　　　ウ　It's too expensive.　　　　　エ　May I try this on?

　🔴語句　take a look at ～「～を見る」 sweater「セーター」

2 次の日本文に合うように, ＿＿＿ に適切な語を入れなさい。(24点)

(1) 何かお飲み物はいかがですか。

　　＿＿＿＿＿＿＿ you ＿＿＿＿＿＿＿ something to drink?

(2) 水を1杯ください。

　　I would ＿＿＿＿＿＿＿＿＿＿＿ have a glass of water.

(3) 別のものを見せてください。

　　Please ＿＿＿＿＿＿ me ＿＿＿＿＿＿ one.

(4) (商品を選んで)それにします。

　　I'll ＿＿＿＿＿＿＿＿＿＿.

3 次の英文を日本語にしなさい。(18点)

(1) Please help yourself to the cookies.

(　　　　　　　　　　　　　　　　　　　　　　　　　　　　　)

(2) Would you like some coffee? — Yes, please.

(　　　　　　　　　　　　　　　　　　　　　　　　　　　　　)

(3) It's too small for me. Do you have a bigger one?

(　　　　　　　　　　　　　　　　　　　　　　　　　　　　　)

🍙 語句　bigger「より大きな」

4 次の日本文を英語にしなさい。(21点)

(1) (ご注文は)何になさいますか。

_____

(2) これを試着してもいいですか。

_____

(3) (店のレジで)お支払いはどうなさいますか。

_____

🍙 語句　「支払う」pay

5 次の対話文を読んで，あとの問いに答えなさい。(13点)

Clerk : ①(いらっしゃいませ。) What are you looking for?

Bob : I'm looking for a bag. I want to buy a birthday present for my mother.

Clerk : That's good. How about this one?

Bob : Oh, I like this color. But it is small. ②(show, can, a, one, you, bigger, me)?

Clerk : Certainly. Here you are.

Bob : I like this one. ③(いくらですか。)

Clerk : It's 25 dollars.

Bob : I'll take it. Here's 30 dollars.

Clerk : Here's your change. Thank you very much.

(1) 文中の①，③の日本文に合う英文になるように，_____に適切な語を書きなさい。(8点)

①　_____ ?

③　_____ ?

(2) ②の(　)内の語を並べかえなさい。(5点)

_____

🍙 語句　clerk「店員」　dollar「ドル」

17 彼は私より年上だ

〈比較 (1)：原級・比較級〉

重要点をつかもう

1 My brother is **as** tall **as** I. ポイント①

（弟は私と同じくらい背が高い。）

2 He is older **than** I. ポイント②

（彼は私よりも年上です。）

3 This book is **more** useful **than** that one. ポイント②

（この本はあの本よりも役に立ちます。）

ポイント① 〈**as ～ as ...**〉…２人の人や２つの物を比べて「**…と同じくらい～だ**」という言い方。

My brother is **as** tall **as** I.　　He runs **as** fast **as** I.「彼は私と同じくらい速く走ります。」
形容詞　　　　　　　　　　　　　副詞

※否定文 **not as ～ as ...**「**…ほど～でない**」

My sister is **not as** tall **as** I.　「私の姉は私ほど背が高くない。」

ポイント② 〈比較級＋**than ～**〉…２人の人や２つの物を比べて「**～よりも…だ**」という言い方。

I am taller **than** you.　「私はあなたよりも背が高い。」←語尾に er をつける形

This song is **more** popular **than** that one. ←前に more を置く形

「この歌はあの歌よりも人気があります。」

Mary plays the piano **better than** I. ← well（上手に）が不規則に変化した形

「メアリーは私よりも上手にピアノをひきます。」

Step 1 基本問題

解答▶別冊 29 ページ

1 [原級・比較級の用法] 次の英文の（ ）内から適切な語句を選んで○で囲みなさい。

(1) This book is as (easy, easier) as that one.

(2) My dog is as (big, bigger) as yours.

(3) He cannot swim as (well, better) as you.

(4) Soccer is as (popular, more popular) as baseball.

(5) Which is (easy, easier), English or math?

(6) Who runs (fast, faster), Tom or Ken?

Guide

⚠注意 as ～ as ...

▶ as ～ as ... の～に入る形容詞・副詞は常に原級。

📖参考 疑問詞で始まる比較表現

▶「AとBではどちらがより～ですか。」と言うときは，〈Which〔Who〕is＋比較級，A or B?〉で表す。

2 [比較級の作り方] 次の語の比較級を書きなさい。

(1) long _____ (2) large _____

(3) easy _____ (4) big _____

(5) difficult _____ (6) popular _____

(7) useful _____ (8) famous _____

(9) good _____ (10) many _____

3 [比較の表し方] 次の日本文に合うように，_____に適切な語を入れなさい。

(1) あなたのお父さんは私のお父さんよりも若い。

Your father is _____ _____ my father.

(2) この本はあの本と同じくらい有名です。

This book is _____ _____ as that one.

(3) 野球とサッカーではどちらが人気がありますか。

_____ is _____ _____, baseball or soccer?

(4) 私のスープはあなたのよりも熱い。

My soup is _____ _____ yours.

(5) 私の車はあなたのほど大きくありません。

My car _____ _____ yours.

🍪 語句　soup「スープ」

4 [比較表現の書きかえ] 次の各組の英文がほぼ同じ意味になるように，_____に適切な語を入れなさい。

(1) You are shorter than Mike.

= Mike is _____ _____ you.

(2) My car is not as new as yours.

= My car is _____ _____ yours.

(3) He is more famous than your father.

= Your father is _____ _____ famous as he.

🍪 語句　short「(背が)低い」

🔍 **er のつけ方**

① e で終わる語
→ r だけをつける。
・large → larger

②〈子音字＋y〉で終わる語
→ y を i にかえて er をつける。
・busy → busier
・happy → happier

③〈短母音＋子音字〉で終わる語→子音字を重ねて er をつける。
・hot → hotter
・big → bigger

📖 **不規則な変化**

good(よい), well(上手な)
→ better
many, much(たくさんの)
→ more

📖 **more ～とする語**

▶比較的つづりの長い単語の場合には，前に more を置いて比較級を作る。
・popular「人気がある」
・important「重要な」
・difficult「難しい」
・interesting「おもしろい」
・exciting「わくわくさせる」
・useful「役に立つ」
・famous「有名な」
・slowly「ゆっくりと」
・quickly「すばやく」
・carefully「注意深く」
など

解答▶別冊 29 ページ

1 　次の英文の(　)内から適切な語を選んで○で囲みなさい。(20点)

(1) My sister plays the piano as (better, well) as you.

(2) He likes tennis (well, better) than football.

(3) My bag is (heavy, heavier) than yours.

(4) You are as (older, old) as my son.

(5) I am as (busier, busy) as my father.

(6) This question is (easy, easier) than that one.

(7) Health is (more, much) important than money.

(8) This flower is (many, more) beautiful than that one.

(9) Which do you like (well, better), spring or fall?

(10) My brother can run (fast, faster) than I.

🔖 語句　heavy「重い」　question「問題」

2 　次の日本文に合うように，＿＿＿に適切な語を入れなさい。(20点)

(1) トムは，ビルよりも注意深いです。

= Tom is ＿＿＿＿＿＿＿ ＿＿＿＿＿＿ than Bill.

(2) 私は母より早く起きられません。

= I can't get up ＿＿＿＿＿＿＿ ＿＿＿＿＿＿ my mother.

(3) 私の学校は，あなたの学校より大きい。

= My school is ＿＿＿＿＿＿ than ＿＿＿＿＿＿.

(4) ジョンは私より速く走ることができます。

= John can run ＿＿＿＿＿＿＿ ＿＿＿＿＿＿ I.

(5) フランス語は，英語より難しい。

= French is ＿＿＿＿＿＿＿ ＿＿＿＿＿＿ than English.

3 　次の英文を(　)内の指示に従って書きかえなさい。(16点)

(1) My hands are warm. (「あなたの手よりも」という意味をつけ加えて)

＿＿＿＿＿＿＿＿＿＿＿＿＿＿＿＿＿＿＿＿＿＿＿＿＿＿＿

(2) I can cook well. (「私の母と同じくらい」という意味をつけ加えて)

＿＿＿＿＿＿＿＿＿＿＿＿＿＿＿＿＿＿＿＿＿＿＿＿＿＿＿

(3) He is tall.　（「あなたよりもずっと」という意味をつけ加えて）

....

(4) Ken likes <u>this car</u> better than that one.　（下線部が答えの中心となる疑問文に）

....

 語句　warm「温かい」

4　次の日本文に合うように，（　）内の語句を並べかえなさい。(30点)

(1) あなたは犬とねこのどちらが好きですか。

(like, or, you, better, dogs, which, cats, do / ,)?

....

(2) このトンネルはさっきのものほど長くありません。

(long, tunnel, as, not, the last one, this, is, as).

....

(3) 私と次郎は同じ年齢^{ねんれい}です。　(am, Jiro, old, as, as, I).　〔岡山理科大附高〕

....

(4) ぼくの母はあなたのお母さんより若い。

(younger, my, than, yours, is, mother).　〔東山高〕

....

(5) 私はあなたのお父さんよりはるかに年上です。

(older, your father, I, than, much, am).

....

 語句　tunnel「トンネル」「さっきのもの」the last one

5　次の日本文を英語にしなさい。(14点)

(1) 私はたいてい両親より早く寝ます。　〔聖母学院高〕

....

(2) 子どものころ，私はトムよりも背が高かった。　〔帝塚山学院泉ケ丘高－改〕

....

 語句　「たいてい」usually

★─★

ワンポイント

3 (3)「〜よりもずっと」と比較級を強める表現は，〈much＋比較級〉。

(4)「この車のほうがあの車よりも好き」→「この車とあの車ではどちらが好きか」とたずねる。

18 日本で最も高い山 〈比較 (2)：最上級〉

重要点をつかもう

1 Mt. Fuji is **the** highest mountain in Japan. **ポイント❶**

（富士山は日本で最も高い山です。）

2 This is **the most** difficult question of all. **ポイント❶**

（これが全部の中で最も難しい問題です。）

3 He runs (**the**) fastest in our class. **ポイント❷**

（彼は私たちのクラスでいちばん走るのが速い。）

ポイント❶ 〈**the**＋最上級〉…3 人以上や 3 つ以上の物を比べて「**最も～だ**」という言い方。

I am **the** tallest in my family. ←語尾に est をつける

This movie is **the most** interesting of all. ←前に most を置く

I like summer **the best** of all the seasons. ← much から不規則に変化した形

「**～の中で**」というときは **in** か **of** を使って表す。

・ [in＋範囲や集団を表す語句] in Japan「日本の中で」，in his family「彼の家族の中で」，

in the class（クラスの中で），in the world「世界中で」　など

・ [of＋allなど複数を表す語句] of all「全部の中で」，of the four「4 つの中で」　など

ポイント❷ 最上級の前の the…形容詞の最上級の前にはふつう the をつけるが，副詞の場合は the をつけないことがある。

Step 1 基本問題

解答▶別冊 30 ページ

1 [最上級の用法] 次の日本文に合うように，＿＿に適切な語を入れなさい。

(1) ジョンは，このクラスでいちばん背の高い少年です。

John is the ＿＿＿＿＿ boy in this class.

(2) 信濃川は日本でいちばん長い川です。

The Shinano is ＿＿＿＿＿ river in Japan.

(3) この歌はすべての中でいちばん人気があります。

This song is ＿＿＿＿＿ popular of all.

Guide

 est のつけ方

① e で終わる語
→ st だけをつける。
・large → largest

②〈子音字＋y〉で終わる語
→ y を i にかえて est つける。
・busy → busiest
・happy → happiest

(4) 私の父は家族の中でいちばん忙しい。

My father is the _____ in my family.

(5) ケンは，私の最も仲のいい友達の 1 人です。

Ken is one of my _____ friends.

(6) 日本では 2 月が最も寒い月です。

February is the _____ month in Japan.

(7) 今朝はだれが最も早く起きましたか。

Who got up _____ this morning?

(8) このクラスでいちばん背が低いのはだれですか。

Who is the _____ student _____ this class?

(9) これは 5 つの中で，最もおもしろい話です。

This is _____ _____ interesting story _____ the five.

2 ［最上級の作り方］次の語の最上級を書きなさい。

(1) young _____　　(2) small _____

(3) large _____　　(4) early _____

(5) happy _____　　(6) useful _____

(7) difficult _____　　(8) slowly _____

(9) good _____　　(10) much _____

3 ［比較の表し方］次の英文の（　）内から適切な語句を選んで○で囲みなさい。

(1) Which flower is the (more beautiful, most beautiful) of all?

(2) Father came home (later, latest) of all.

(3) Mother gets up (earlier, earliest) in our family.

(4) This library is the (bigger, biggest) one in our city.

(5) She is (better, the best) student in her class.

(6) This river is the (longer, longest) one in the world.

---

③〈短母音＋子音字〉で終わる語→子音字を重ねて est をつける。

・hot → hottest

・big → biggest

 参考　late の比較変化

▶ late には 2 通りの変化がある。

・late（〔時間が〕遅い，遅く）

－ later（より遅い，遅く）

－ latest（いちばん遅い，最新の，いちばん遅く）

・late（〔順番が〕あとの）

－ latter（よりあとの）

－ last（最後の）

 参考　不規則な変化

good（よい），well（上手な）→ best

many，much（たくさんの）→ most

 くわしく　最上級→比較級の書きかえ

▶最上級の文は比較級を使って書きかえることができる。

Mt. Fuji is the highest mountain in Japan. ＝ Mt. Fuji is higher than any other mountain in Japan.

「富士山は日本のほかのどの山よりも高い。」→〈比較級＋than any other＋名詞の単数形〉で「ほかのどの…より～」を表す。

Step ② 標準問題

1 次の英文の（　）内から適切な語句を選んで○で囲みなさい。(20点)

(1) She is (most beautiful, more beautiful, the most beautiful) girl of the three.

(2) You can run (fast, faster, fastest) in our team.

(3) Ken is the (tall, taller, tallest) in our family.

(4) He has (many, more, the most) expensive car in the world.

(5) This is one of the (most, more, much) important lessons.

(6) Who is (very, more, the most) famous basketball player in America?

(7) Who is the (old, older, oldest) of the three?　〔新潟青陵高〕

(8) Tom is the tallest (as, of, in, than) my brothers.　〔宇都宮短大附高〕

(9) He got up (earlier, earliest, faster, fastest) of all in his family.　〔聖カピタニオ女子高〕

(10) Taro can speak English (well, better, best, most) in his class.

2 次の英文の＿＿＿に適切な語を下から選んで入れなさい。ただし，同じ語を2回使ってはいけない。(15点)

(1) I like winter ＿＿＿＿＿＿＿ than summer.

(2) Who is the ＿＿＿＿＿＿＿ of the five?

(3) Who plays tennis ＿＿＿＿＿＿＿ of all the boys in our class?

(4) Is this the ＿＿＿＿＿＿＿ useful dictionary of the three?

(5) This car runs ＿＿＿＿＿＿＿ of all.

〔most, fastest, faster, best, better, tallest, taller〕

3 次の日本文に合うように，＿＿＿に適切な語を入れなさい。(20点)

(1) オーストラリアでは8月が1年の中でいちばん寒い。

In Australia, August is ＿＿＿＿＿＿＿ ＿＿＿＿＿＿＿ of the year.

(2) 秋は読書に最もよい季節です。

Autumn is ＿＿＿＿＿＿＿ ＿＿＿＿＿＿＿ season for reading.

(3) 東京は世界で最も大きい都市の1つです。

Tokyo is one of the ＿＿＿＿＿＿＿ ＿＿＿＿＿＿＿ in the world.

(4) 私の家族の中で母がいちばん忙しい。

My mother is ＿＿＿＿＿＿＿ ＿＿＿＿＿＿＿ ＿＿＿＿＿＿＿ my family.

(5) あなたはどの季節がいちばん好きですか。

_____ _____ do you like the _____?

4 次の英文を日本語にしなさい。(12点)

(1) Tom is the tallest student in his class.

( )

(2) Tom is taller than any other student in his class.

( )

5 次の日本文に合うように，( )内の語句を並べかえなさい。(15点)

(1) これが日本でいちばん長い川ですか。

(is, Japan, longest, the, in, this, river)?

_____

(2) 富士山は世界で最も美しい山の1つです。

Mt. Fuji (is, the, mountains, in, most, the world, one of, beautiful).

Mt. Fuji _____.

(3) 8月は1年でいちばん暑い月ですね。

(hottest, the, is, the year, month, August, of), isn't it?

_____, isn't it?

6 次の日本文を英語にしなさい。(18点)

(1) それは日本で最も有名な本の1つです。 〔鳥取〕

_____

(2) 私はすべてのスポーツの中でテニスがいちばん好きです。

_____

(3) 2月は1年の中でいちばん短い月です。

_____

ワンポイント **1**(5) **3**(3) **5**(2) **6**(1) 「最も～のうちの1つ」は〈one of the ＋形容詞の最上級＋名詞の複数形〉
で表す。
5(3) **6**(3) 「1年(の中)で」 of the year

Step 3 実力問題

1 次の（ ）内の語を適切な形（1語または2語）に直して，＿＿に書きなさい。直す必要のない
ものは，そのまま書きなさい。(12点)

(1) Taro thinks that English is ＿＿＿＿＿＿＿＿ than math. （difficult）

(2) Mike is ＿＿＿＿＿＿＿＿ of the three. （tall）

(3) Taro can play the piano ＿＿＿＿＿＿＿＿ than Hanako. （well）

(4) Bob can run ＿＿＿＿＿＿＿＿ of all the classmates. （fast）

(5) Which is ＿＿＿＿＿＿＿＿, this question or that one? （easy）

(6) Mr. Green doesn't get up as ＿＿＿＿＿＿＿＿ as Mrs. Green. （late）

2 次の英文を（ ）内の指示に従って書きかえなさい。(25点)

(1) My dog is bigger than yours. （as ～ as ... を用いて「…ほど大きくない」という意味にな
るように）

----

(2) April is warmer than March. （この文が答えとなる，Which で始まる疑問文に）

----

(3) Rose can't speak Japanese as well as Tom. （比較級を用いて） 〔広島県新庄高〕

----

(4) <u>Mike</u> is the tallest in this class. （下線部が答えの中心となる疑問文に）

----

(5) Mari liked <u>math</u> the best. （下線部が答えの中心となる疑問文に）

----

3 次の英文を日本語にしなさい。(20点)

(1) My brother is much taller than I.

（ ）

(2) Taro is the fastest runner in our class.

（ ）

(3) Mike isn't as tall as his father.

（ ）

(4) He is one of the most famous soccer players in the world.

（ ）

記述式 **4** 次の例を参考にして，あなたの家族に関する英文を３つ書きなさい。ただし，各文とも比較級または最上級を必ず用いること。(21点)

例　My father gets up the earliest in my family.

----

5 次の対話文は，美紀(Miki)が留学生のリック(Rick)と教室で会話をしているときのものです。これを読んで，あとの問いに答えなさい。(22点)　　　　　　　　　　〔宮城－改〕

Miki : What are you reading, Rick?

Rick : I'm reading a book about Sierra Leone. It's the name of a country in Africa.

Miki : Sierra Leone? I don't know it. What kind of country is it?

Rick : There were wars, and many people died. Many others are still poor. ①In Sierra Leone, one in four children cannot live until five years old.

Miki : That's so sad !

Rick : I think so, too. The average life span is only forty-two years old.
②Japanese people live much longer than people in Sierra Leone.

Miki : I think a lot of countries had wars.

Rick : Yes, Cambodia was one of them. A few days ago, I also read a book about Cambodia. It's a book about the children. It has many pictures of them. They answered the question, "③What is the most important thing for you?" We can find interesting answers.

注　Sierra Leone「シエラレオネ」　war「戦争」　average life span「平均寿命」

(1) 下線部①について，なぜ下線部のような状況になったのですか。その理由を日本語で具体的に説明しなさい。(8点)

(　　　　　　　　　　　　　　　　　　　　　　　　　　　　　　　　)

(2) 下線部②の英文を日本語にしなさい。(7点)

(　　　　　　　　　　　　　　　　　　　　　　　　　　　　　　　　)

(3) 下線部③の英文を日本語にしなさい。(7点)

(　　　　　　　　　　　　　　　　　　　　　　　　　　　　　　　　)

19 彼は愛されている　〈受け身形〉

重要点をつかもう

1 He **is loved** by everyone.　ポイント**①**

（彼はみんなに**愛されています**。）

2 **Is** English **spoken** in Canada?　ポイント**②**

（英語はカナダで**話されていますか**。）

3 The mountain **is covered** with snow.　ポイント**③**

（その山は雪で**おおわれています**。）

ポイント**①** **受け身形**…〈**be 動詞＋過去分詞**〉の形で，「**〜される，〜されている**」という意味を表す。

「**〜によって**」と行為者を表すには **by 〜** を文末に置く。

　　Everyone　　loves　　him.　「みんなが彼を大好きです。」

　　He　　　is loved　by everyone ．　「彼はみんなに愛されています。」

　　　〈be 動詞＋過去分詞〉　※規則動詞の過去分詞は過去形と同じ形。

ポイント**②** **受け身形の疑問文・否定文・過去形**…be 動詞のある文と作り方は同じ。

〈肯定文〉 This room **is** cleaned by her. 「この部屋は彼女によって掃除されます。」
　　　　　└ be 動詞を主語の前に置く。

〈疑問文〉 **Is** this room cleaned by her?

〈否定文〉 This room **is** not cleaned by her. ← be 動詞のあとに not を置く。

〈過去形〉 This room **was** cleaned by her. ← be 動詞を過去形にする。

ポイント**③** **by 〜以外の前置詞を使う受け身の形**（→ P.97「参考」）

　　be interested in 〜「〜に興味がある」， be made of 〜「〜で作られている」 など。

Step 1 基本問題

解答▶別冊 32 ページ

1 ［過去分詞］次の英文の（　）内から適切な語を選んで○で囲みなさい。

(1) English is (speak,　spoke,　spoken) all over the world.

(2) This story was (write,　wrote,　written) by him.

(3) Is this book (read,　reads,　reading) by many people?

(4) All stores are (close,　closed,　closes) today.

語句　spoken < speak の過去分詞　all over the world「世界中で」

Guide

参考　おもな不規則動詞の
過去分詞

・speak → spoken
・write → written
・read → read
　　　（発音注意 [red]）
・make → made
・build → built
・take → taken

2 [否定文の作り方] 次の英文を否定文にしなさい。

(1) This song is loved by children.

_____

(2) Spanish was studied by many students.

_____

(3) These cars are washed by my father.

_____

語句　Spanish「スペイン語」

3 [疑問文の作り方] 次の英文を疑問文にしなさい。

(1) This dictionary is used by many students.

_____

(2) That book was sold at that store.

_____

(3) English and French are spoken in Canada.

_____

語句　sold < sell の過去分詞

4 [受け身形の作り方] 次の各組の英文がほぼ同じ意味になるように，＿＿＿に適切な語を入れなさい。

(1) My mother uses this room.

= This room _____

my mother.

(2) Many people watch TV.

= TV _____ _____ _____ many

people.

(3) He wrote this story.

= This story _____ _____ by

_____.

(4) My father took these pictures.

= These pictures _____ _____

_____ my father.

 否定文・疑問文の作り方

▶否定文は be 動詞のあとに not を置く。疑問文は主語の前に be 動詞を置く。
動詞は過去分詞のままで原形には戻さない。

 by ～以外を使う受け身形

・be interested in ～
「～に興味がある」
・be surprised at ～
「～に驚く」
・be known to ～
「～に知られている」
・be covered with ～
「～でおおわれている」
・be pleased with ～
「～を気に入っている」
　　　　　　　など

受け身形の作り方

①元の文の目的語を主語にする。
②動詞を〈be 動詞＋過去分詞〉の形にする。
③元の文の主語を〈by＋主語（目的格）〉の形にして続ける。

 「～でできている」

The desk is made of wood.「その机は木でできています。」
Wine is made from grapes.「ワインはぶどうからできています。」
「材料」を表す場合は of,「原料」を表す場合は from を使います。

第1章
第2章
第3章
第4章
第5章
第6章
第7章
第8章
第9章
第10章
第11章
総仕上げテスト

Step ② 標準問題

解答▶別冊 33 ページ

1 次の日本文に合うように，＿＿＿に適切な語を入れなさい。(18 点)

(1) 私はこの前の日曜日に彼のパーティーに招待されました。

I ＿＿＿＿＿＿＿＿ invited to his party last Sunday.

(2) 私の両親はそのニュースに驚きました。

My parents ＿＿＿＿＿＿＿＿＿＿ at the news.

(3) そのドアはその少女によって開けられました。

The door ＿＿＿＿＿＿＿＿＿＿ by the girl.

(4) この本はあなたのお父さんによって買われたのですか。

＿＿＿＿＿＿ this book ＿＿＿＿＿＿ by your father?

(5) 夜には星が見えます。

Stars can ＿＿＿＿＿＿＿＿＿＿ at night.

(6) 英語はたくさんの国々で話されています。

English ＿＿＿＿＿＿＿＿＿ in many countries.

語句　invite「招待する」

重要 2 次の各組の英文がほぼ同じ意味になるように，＿＿＿に適切な語を入れなさい。 (32 点)

(1) Young people love the music.

＝The music ＿＿＿＿＿＿＿＿＿ by young people. 〔愛国高〕

(2) She wrote this letter.

＝This letter ＿＿＿＿＿＿＿＿ by her. 〔札幌大谷高〕

(3) This is a book.　Mr. Davis wrote it.

＝This book was ＿＿＿＿＿＿ by Mr. Davis. 〔沖　縄〕

(4) They speak English in Australia.

＝English is ＿＿＿＿＿＿ in Australia. 〔九州共立大八幡西高〕

(5) Everyone in his family loves the dog.

＝The dog ＿＿＿＿＿＿＿＿＿ by everyone in his family.

(6) She made the doll yesterday.

＝The doll ＿＿＿＿＿＿＿＿＿ by ＿＿＿＿＿ yesterday. 〔嘉悦女子高〕

(7) Everyone knows the baseball player.

＝The baseball player is ＿＿＿＿＿＿＿＿＿ everyone.

(8) Snow covered the ground last night.

　The ground was ＿＿＿＿＿＿ ＿＿＿＿＿＿ snow last night.

🔖 語句　cover「おおう」

3 次の英文を（　）内の指示に従って書きかえなさい。(30点)

(1) Edison invented this. （受け身の文に）

＿＿＿＿＿＿＿＿＿＿＿＿＿＿＿＿＿＿＿＿＿＿＿＿＿＿＿

(2) They speak Spanish here. （受け身の文に）

＿＿＿＿＿＿＿＿＿＿＿＿＿＿＿＿＿＿＿＿＿＿＿＿＿＿＿

(3) This room is cleaned every day. （下線部を yesterday にして，過去の文に）

＿＿＿＿＿＿＿＿＿＿＿＿＿＿＿＿＿＿＿＿＿＿＿＿＿＿＿

(4) Mary read these books. （受け身の文に）

＿＿＿＿＿＿＿＿＿＿＿＿＿＿＿＿＿＿＿＿＿＿＿＿＿＿＿

(5) This library is closed at five. （下線部が答えの中心となる疑問文に）

＿＿＿＿＿＿＿＿＿＿＿＿＿＿＿＿＿＿＿＿＿＿＿＿＿＿＿

🔖 語句　Edison「エジソン（発明家）」　invent「発明する」

4 次の英文を日本語にしなさい。(20点)

(1) My brother is pleased with his new shoes.

（　　　　　　　　　　　　　　　　　　　　　　　　　　）

(2) The singer is known to a lot of people in the world.

（　　　　　　　　　　　　　　　　　　　　　　　　　　）

(3) Paper is made from wood.

（　　　　　　　　　　　　　　　　　　　　　　　　　　）

(4) Are you interested in this sport?

（　　　　　　　　　　　　　　　　　　　　　　　　　　）

(5) We were very surprised at the big sound.

（　　　　　　　　　　　　　　　　　　　　　　　　　　）

ワンポイント　**2** 受け身の文に書きかえるとき，現在の文のときは〈is〔am，are〕＋過去分詞〉，過去の文のときは〈was〔were〕＋過去分詞〉の形にする。元の文の主語が代名詞のときは目的格にして by ～とすることにも注意。

第1章
第2章
第3章
第4章
第5章
第6章
第7章
第8章
第9章
第10章
第11章
総仕上げテスト

Step 3 実力問題

時間 40分　合格点 75点　得点 点

解答▶別冊 34 ページ

1 次の英文の（　）内から適切な語を選んで○で囲みなさい。(15 点)

(1) She was surprised (in, at, with) the news.

(2) These books are (read, to read, reading) by many people.

(3) I am interested (by, in, with) science.

(4) The mountain is covered (with, in, on, by) snow. 〔九州工業高〕

(5) The man is known (to, as, by) everybody. 〔山陽女子高〕

2 次の日本文に合うように，（　）内の語句を並べかえなさい。ただし，下線部の語を適切な形に直すこと。(15 点)

(1) その家は 20 年前に建てられました。

(years, the house, ago, <u>build</u>, twenty, was).

(2) この自動車はドイツ製です。

(car, Germany, <u>make</u>, this, in, is). 〔岩倉高〕

(3) オーストラリアでは英語が話されていますか。

(English, Australia, in, is, <u>speak</u>)? 〔九州工業高〕

3 次の各組の英文がほぼ同じ意味になるように，＿＿に適切な語を入れなさい。(25 点)

(1) Do many Australians speak Japanese?

= Is Japanese ＿＿＿＿＿ ＿＿＿＿＿ many Australians? 〔西南学院高〕

(2) When did they build these bridges?

= When ＿＿＿＿＿ these bridges ＿＿＿＿＿? 〔東北学院榴ケ岡高〕

(3) Did she take this picture?

= Was this picture ＿＿＿＿＿ by ＿＿＿＿＿? 〔山陽女子高〕

(4) Did he write this letter?

= ＿＿＿＿＿ this letter ＿＿＿＿＿ by him? 〔成城学園高〕

(5) Did she paint the picture?

= ＿＿＿＿＿ the picture ＿＿＿＿＿ by ＿＿＿＿＿? 〔嘉悦女子高〕

4 次の日本文に合うように，_____に適切な語を入れなさい。(10点)

(1) その動物はいつ発見されましたか。

When _____ the animal _____?

(2) 『坊っちゃん』は夏目漱石によって書かれました。

"Botchan" _____ _____ _____ Natsume Soseki.

5 次の英文を日本語に，日本文を英語にしなさい。(10点)

(1) What is this bird called in English?

( )

(2) 中国では何語が話されていますか。

_____

6 次の英文はジョン先生がニホンカワウソ(Japanese otter)についてクラスで話したことです。これを読んで，あとの問いに答えなさい。(25点)　〔秋田－改〕

Do you like animals? I like them. Today I'd like to talk about Japanese otters. Please listen carefully.

Japanese otters once lived all around Japan. But in 1948, they ①(see) only in a part of Shikoku. They ②(catch) to make fur coats and medicine. They usually live near rivers and eat fish. But rivers changed. Their houses ③(break) because people built new roads and banks along rivers. Rivers became dirty and Japanese otters cannot find fish easily. ④Today, some people believe a few Japanese otters still live in Shikoku because their footprints were found in 1996.

Some animals are dying out. If they die out, we can never see them again on this earth. Some people already started saving the animals. But more people all over the world must do something to save them.

注　fur coat「毛皮のコート」　medicine「薬」　bank「堤防（ていぼう）」　dirty「汚れた（よごれた）」　footprint「足跡（あしあと）」
die out「死滅する（しめつする）」　save「救う」

(1) 文中の①〜③の動詞をそれぞれ適切な形に直しなさい。(15点)

①_____　②_____　③_____

(2) 下線部④を日本語に直しなさい。(10点)

( )

🐾語句　Germany「ドイツ」「中国」China

20 ずっとここに住んでいる 〈現在完了〉

重要点をつかもう

1 I **have lived** here since 1990. ☞ポイント❶

（私は1990年から**ずっとここに住んでいます**。）

2 **Have you lived** here since 1990? — Yes, I **have**. ☞ポイント❷

（あなたは1990年から**ずっとここに住んでいますか**。—はい，**住んでいます**。）

☞ポイント❶ **現在完了**…〈**have**〔**has**〕**＋過去分詞**〉の形で，過去のあるときに始まった動作・状態が現在とつながりをもっていることを表す。以下の3つの用法がある。

「**(今までずっと)～している**」：〈**継続**〉

I have lived in Tokyo since 1990. 「私は1990年からずっと東京に住んでいます。」

「**～したことがある**」：〈**経験**〉

He has visited Kyoto before. 「彼は以前京都を訪れたことがあります。」

「**～してしまった**」：〈**完了・結果**〉

My brother has already finished his homework. 「弟はすでに宿題を終えました。」

☞ポイント❷ **否定文と疑問文の作り方**

〈**否定文**〉主語＋**have**〔**has**〕**not＋過去分詞**～. ← have〔has〕のあとに not を置く。

〈**疑問文**〉**Have**〔**Has**〕＋主語＋**過去分詞**～? ←主語の前に Have〔Has〕を置く。

Step 1 基本問題

解答▶別冊35ページ

1 [現在完了の用法] 次の日本文に合うように，（ ）内から適切な語句を選んで○で囲みなさい。

(1) 彼は英語で手紙を書いたことがあります。

He (was writing, wrote, has written) a letter in English.

(2) 彼らは先週からパリにいます。

They (are staying, stayed, have stayed) in Paris since last week.

(3) 私たちは以前その映画を見たことがあります。

We (saw, were seen, have seen) the movie before.

(4) 私は2年間英語を勉強してきました。

I have studied English (for, since, to) two years.

Guide

 過去分詞

・come → come

・see → seen

・eat → eaten

・do → done

・am, is, are → been

 for と since

・for ～ 「～の間」

・since ～ 「～以来」

for はその動作や状況が続く期間を表し，since は起点を表す。

2 [現在完了の文] 次の日本文に合うように，_____に適切な語を入れなさい。

(1) 彼はイタリアへ 2 度行ったことがあります。

He _____ to Italy twice.

(2) 私はちょうど宿題を終えました。

I have _____ my homework.

(3) あなたはもう朝食を食べましたか。

Have you _____ breakfast _____?

3 [否定文の作り方] 次の英文を否定文にしなさい。

(1) We have heard from him for three years.

_____

(2) Ayaka has been abroad.

_____

 語句　abroad「外国へ」

4 [疑問文の作り方と答え方] 次の英文を疑問文にして，（　）内の語を使って答えの文を書きなさい。

(1) You have known him since he was a child.　（Yes）

_____

(2) She has been busy for a week.　（No）

_____

5 [現在完了でよく使う語句] 次の英文の _____ にあてはまる最も適切な語を下から選んで書きなさい。ただし，同じ語を 2 回使うことはできません。

(1) We have _____ had dinner.

(2) Jane has stayed with us _____ last week.

(3) I have _____ seen such a beautiful sea.

(4) Have you _____ climbed Mt. Fuji?

(5) My sister has not done her homework _____ .

〔ever，just，yet，since，for，never〕

 語句　such「そのような」

 参考　現在完了でよく使う語句

▶経験用法のとき

・before「以前(に)」
・ever「(疑問文で)これまでに」
・never「1 度も～ない」
・once「1 度」
・twice「2 度」
・～ times「～回」

▶完了・結果用法のとき

・just「ちょうど」
・already「すでに」
・yet「(否定文で)まだ，(疑問文で)もう」

 確認　否定文と疑問文

▶否定文の短縮形

・have not → haven't
・has not → hasn't

▶疑問文と答え方

Have〔Has〕＋主語＋過去分詞～？
→ Yes, 主語＋have〔has〕.
→ No, 主語＋haven't〔hasn't〕.

参考　重要表現

・have〔has〕been to ～「～に行ったことがある」
・have〔has〕gone to ～「～に行ってしまった」
・How long ～?「どれくらいの間～」
・How many times ～?「何回～」（回数）

Step ② 標準問題

時間 40分　合格点 70点　得点 　　　点

解答▶別冊 35 ページ

1 次の英文の（　）内から適切な語句を選んで○で囲みなさい。(20点)

(1) I've already (read, reading, to read) your letter.

(2) We have (lives, living, lived) in America for two years.

(3) Have you ever (see, saw, seen) such a pretty flower?

(4) Has she (lives, living, been) in Japan for many years?

(5) I have not (write, written, writing) a letter yet.

(6) My father has (just, till, since) taken a bath.

(7) Tom has been in Japan (for, from, since) ten years.

(8) Have you (ever, yet, till) met the woman?

(9) We have known each other (for, from, since) 1995.

(10) How (long, many, far) has he stayed here?

🐾語句　take a bath「風呂に入る」　taken＜take の過去分詞　each other「おたがい」

2 次の日本文に合うように，_____に適切な語を入れなさい。(15点)

(1) 私の母は一週間，病気で寝ています。

My mother _____ _____ sick in bed for a week.

(2) トムは札幌を1度も訪れたことがありません。

Tom has _____ visited Sapporo.

(3) 私の父は先月からずっと忙しいです。

My father has _____ _____ since last month.

(4) ケイトはちょうど空港に着いたところです。

Kate has _____ arrived at the airport.

(5) あなたはここにどのくらい長く住んでいますか。

_____ _____ _____ you lived here?

🐾語句　sick in bed「病気で寝て」　airport「空港」

3 次の日本文に合うように，（　）内の語句を並べかえなさい。(30点)

(1) 私たちは朝ごはんを終えたばかりです。

We (breakfast, just, have, finished).

We _____.

(2) 私はあなたのお父さんとは20年来の知り合いです。

I (known, twenty years, have, for, your father).

I _____.

(3) 私はアメリカに5回行ったことがあります。

I (five, America, have, to, times, been).

I _____.

(4) トムは長い間，おじに会っていません。

Tom (long time, seen, a, not, his uncle, has, for).

Tom _____.

(5) あなたはこれまでに富士山に登ったことがありますか。

(climbed, ever, you, Mt. Fuji, have)?

_____

(6) 彼女は何回カナダに行ったことがありますか。

(many, Canada, she, been, times, how, has, to)?

_____

4 次の英文を（　）内の指示に従って書きかえなさい。(35点)

(1) My father is washing his car.　（just を使って現在完了の文に）

_____

(2) I have already finished my homework.　（否定文に）

_____

(3) I saw a real panda.　（「一度も見たことがない」という否定文に）

_____

(4) Ms. White has visited Kyoto twice.　（下線部が答えの中心となる疑問文に）

_____

(5) They have lived in Hawaii since 2000.　（下線部が答えの中心となる疑問文に）

_____

語句　real「実物の」　Hawaii「ハワイ」

★─★

ワンポイント 3 (2)「20年来の知り合いである」→「20年間知っている」と考える。

Step ③ 実力問題

1 次の英文の（　）にあてはまる最も適切な語句を選び，記号で答えなさい。(15点)

(1) My brother (　　　　) in Korea for a week. 〔秋 田〕

ア went　イ will come　ウ has been　エ leaves

(2) *A* : How long have you been here in Japan? 〔都立国際高〕

B : I came here (　　　).

ア since last month　イ for a month　ウ in a month　エ a month ago

(3) *A* : How long have you been in Iwate? 〔岩 手〕

B : I have been here (　　　) I was born.

ア since　イ for　ウ from　エ as

2 次の日本文に合うように，＿＿＿に適切な語を入れなさい。(20点)

(1) あなたは今までに中国に行ったことがありますか。

＿＿＿＿＿＿ you ever ＿＿＿＿＿＿ to China?

(2) 私はまだそのニュースを聞いていません。

I haven't ＿＿＿＿＿＿ the news ＿＿＿＿＿＿.

(3) 私たちはそれについて2時間話しています。

We ＿＿＿＿＿＿ talked about it ＿＿＿＿＿＿ two hours.

(4) あなたは何度ニューヨークを訪れたことがありますか。

How ＿＿＿＿＿＿ ＿＿＿＿＿＿ have you visited New York?

(5) 雨はまだ止んでいません。

The rain hasn't ＿＿＿＿＿＿ yet.

3 次の各組の英文がほぼ同じ意味になるように，＿＿＿に適切な語を入れなさい。(24点)

(1) I was sick last week. I am still sick now.

= I ＿＿＿＿＿＿ ＿＿＿＿＿＿ sick since last week. 〔岩倉高〕

(2) Mother was busy this morning. She is still busy.

= Mother ＿＿＿＿＿＿ ＿＿＿＿＿＿ busy ＿＿＿＿＿＿ this morning.

(3) I came to Tokyo five years ago. I am in Tokyo now.

= I ＿＿＿＿＿＿ ＿＿＿＿＿＿ in Tokyo ＿＿＿＿＿＿ five years.

(4) Mr. Kato went to Osaka last Sunday. He is still there.

= Mr. Kato has ＿＿＿＿＿＿ in Osaka ＿＿＿＿＿＿ last Sunday.

記述式 4 あなたはある日，友達から外国人の知人を紹介されました。次のようなとき，あなたはどのように言いますか。それぞれ6語以上の英語で書きなさい。ただし，符号(, . ? ! など)は語数に含めないこと。(21点)

(1) 今までに日本に来たことがあるか，相手にたずねるとき。

- -

(2) 日本に来てどれくらいたつか，相手にたずねるとき。

- -

(3) 今までに外国人と話した経験がないことを伝えるとき。

- -

5 次の対話文を読んで，あとの問いに答えなさい。(20点) 〔福岡－改〕

Jane : What will you do next Saturday?

Midori : I'll go to a nursing home with my friends.

Jane : Really?

Midori : Yes. We visit the home on the second Saturday of every (①).

Jane : What do you do there?

Midori : We do many things. For example, we talk with elderly people and help them at lunch time.

Jane : ②(never, a nursing home, have, I, visited) in Japan. When did you start visiting the home?

Midori : About a year ago. When I helped the elderly people, they thanked me. I felt very good. ③Since then I have visited the home ten times.

注 nursing home「老人ホーム」 elderly people「高齢者」 thank「感謝する」

(1) 文中の空所①に入る英語1語を書きなさい。(5点)

- - - - - - - - - - - - - - - - - - - -

(2) 下線部②が「私は日本の老人ホームを訪れたことは一度もありません」という意味になるように，(　)内の語句を並べかえなさい。(7点)

- in Japan.

(3) 下線部③を日本語にしなさい。(8点)

(　　　　　　　　　　　　　　　　　　　　　　　　　　　　)

会話表現 ❸

解答▶別冊 37 ページ

1 次の対話文の（ ）にあてはまる最も適切な英文をア～エから選び, 記号で答えなさい。(24点)

(1) A : Are you free next Sunday? I have two tickets for the baseball game.　〔福 島〕

　　B : Wow! (　　) Can I go with you?

　　ア　That sounds good.　　　　　　　イ　That's too bad.

　　ウ　That's too much for me.　　　　エ　That may be true.

(2) A : (　　)

　　B : Thank you. This desk is too heavy.

　　ア　Will you help me?　　　　　　　イ　Shall I help you?

　　ウ　May I use this desk?　　　　　　エ　Did you help me?

(3) A : Shall we have lunch together?　　　　　　　　　　　　　　　　〔兵 庫〕

　　B : I'm sorry, but I don't want to eat lunch today.

　　A : ① (　　)

　　B : I'm feeling sick. I think I'll go home now.

　　A : That's too bad. ② (　　)

　　①　ア　How about you?　　　　　　イ　That's a good idea.

　　　　ウ　I'm glad to hear that.　　　エ　What is the problem?

　　②　ア　This is your lunch.　　　　イ　You look better.

　　　　ウ　You should go to the doctor.　エ　I will take you to a restaurant now.

🍴 語句　Shall we ～?「～しませんか。」

2 次の日本文に合うように, _____ に適切な語を入れなさい。(24点)

(1) サッカーの試合を見に行くのはどうですか。

　　How _____ _____ to see a soccer game?

(2) 風邪をひいています。

　　I _____ a _____.

(3) あなたの辞書を貸してくれませんか。

　　_____ _____ lend me your dictionary?

(4) 気分がよくありません。—— それはいけませんね。

　　I don't feel _____. — That's _____ bad.

3 次の英文を日本語にしなさい。(18点)

(1) Would you like to go out in the afternoon today?

(　　　　　　　　　　　　　　　　　　　　　　　　　　　　)

(2) Why don't you have dinner with me tonight?

(　　　　　　　　　　　　　　　　　　　　　　　　　　　　)

(3) Please take this medicine and rest today.

(　　　　　　　　　　　　　　　　　　　　　　　　　　　　)

🌀 語句　rest「休む」

4 次の日本文を英語にしなさい。(21点)

(1) 私の辞書を貸してあげましょうか。

----

(2) あなたのお名前を教えていただけますか。

----

(3) 医者にみてもらったほうがいいですよ。

----

5 次の対話文を読んで，あとの問いに答えなさい。(13点)

Tom : Hello, Saki. This is Tom.

Saki : Hi, Tom. What's up?

Tom : I'm studying Japanese for the test. ①(ぼくを手伝ってくれませんか。) Do you have time tomorrow?

Saki : Sorry, I'm busy tomorrow. How about Tuesday?

Tom : You have your tennis club on Tuesday, don't you?

Saki : Well, there is no club activity this week.

Tom : OK. ②(the, meet, library, don't, at, why, we) at four on Tuesday?

Saki : That's perfect. If you have time on Friday, ③(いっしょにテニスをしませんか。)

Tom : I'd love to.

Saki : OK. I can't wait.

(1) 文中の①，③の日本文に合う英文になるように，_____に適切な語を書きなさい。(8点)

① _____ ?

③ Would _____ play tennis together?

(2) ②の( )内の語を並べかえなさい。(5点)

_____ at four on Tuesday?

総仕上げテスト

時間 **40分**　合格点 **75点**　得点 **点**

解答▶別冊 38 ページ

❶ 次の英文の（ ）内から適切な語句を選びなさい。(15 点)

(1) Father (cook, cooks, cooked, cooking) dinner on Saturdays. We love his cooking.

〔栃 木〕

(2) My brother and I (am, are, was, were) cleaning the windows when my parents came home.

〔栃 木〕

(3) A hamburger in this picture looks real. It (makes, calls, takes, gives) me hungry.

〔秋 田〕

(4) Kazuo went to Australia (study, studies, studied, to study) English.　〔沖 縄〕

(5) I think soccer is (a, than, many, the most) exciting of all the sports.　〔神奈川〕

(1)	(2)	(3)	(4)	(5)

❷ 次の対話文の内容に合うように，（ ）内に指示された文字で始まる語を書きなさい。(12 点)

(1) A : Could you tell me the (w　) to City Hospital?　〔島 根〕

B : Sure. Go straight, and you will see it on your left.

(2) A : What kind of music do you like?　〔愛 媛〕

B : I like rock music very much. I (l　) to it at home every day.

(3) A : You and Jim are friends, right?　〔宮 城〕

B : Yes. We know (e　) other well.

(4) A : How did you spend your summer (v　)?　〔国立工業高専〕

B : I visited Okinawa with my family. We swam a lot.

(1)	(2)	(3)	(4)

❸ 次の対話文の（ ）内の語を並べかえなさい。(10 点)

(1) A : (like, which, do, sport, better, you), baseball or basketball?　〔山 形〕

B : Basketball.

(2) A : I'm sorry (very, call, you, to, late) at night.　〔千 葉〕

B : That's OK. I was just reading a book.

(1)	
(2)	

❹ 次の対話文の（　）にあてはまる最も適切な文を選び，記号で答えなさい。(12点)

(1) *A :* Can I go to bed now?　　　　　　　　　　　　　　　　　　　　　〔福　岡〕

　　B : （　　　　） But you have to brush your teeth first.

　　A : I've already done it.

　　ア　I'm sorry, I can't.　　イ　I can go out.　　ウ　Sure.　　エ　No, you can't.

(2) *A :* How about playing basketball after school?　*B :* （　　　　）　　〔実践学園高〕

　　ア　I'm good at playing basketball.　　イ　I like it better than soccer.

　　ウ　Yes, I'd love to.　　　　　　　　　エ　I think it is a very good sport.

(1)	(2)

❺ 次の対話文を読んで，あとの問いに答えなさい。(19点)　　　　　　　　〔青森－改〕

Takuya : We would like to write about you in the school newspaper. （　ⓐ　） I ask you

　　　　some questions?

Mr. White : Sure. Please ask me anything.

Takuya : You can speak Japanese well. （　ⓑ　） did you start to study Japanese?

Mr. White : I started to study it three years ago when I came to Japan as an ALT.

Takuya : Oh, 　①　

Mr. White : I bought some Japanese books and CDs, and studied （　ⓒ　） two hours every

　　　　day. Some teachers also helped me. For example, 　②　

Takuya : I see. In your country, what are you going to do?

Mr. White : I am going to teach science at high school.

Takuya : That's nice!

注　newspaper「新聞」

(1) ①，②に入れる文として最も適切なものを1つずつ選び，記号で答えなさい。(10点)

　　ア　they talked with me in Japanese after school.

　　イ　what was the most difficult thing for you?

　　ウ　when they spoke to me in Japanese, I couldn't understand.

　　エ　how did you do that?　　オ　they spoke to me in English every day.

(2) ⓐ～ⓒの（　）にあてはまる適切な語を入れなさい。(9点)

(1)	①		②	
(2)	ⓐ		ⓑ	ⓒ

6 次の英文はシン（Shin）さんとビル（Bill）さんの E メールのやりとりです。これを読んで，あとの問いに答えなさい。(32点)

〔香川－改〕

Hello, Bill. I visited Yaku Island with my family last month. Yaku Island is famous for its big old trees. I saw some of them on the trip. Have you ever ①(hear) of the tree, *Jomonsugi*? Some people say that *Jomonsugi* is about 3,000 years old. I was surprised to know ②that. When I saw the tree for the first time, I could not speak a word. I was ③(look) at the tree quietly. I just said goodbye to the tree and ④(leave) there. I hope that the life of the tree will last forever.

Hi, Shin. ⑤ぼくは，昨日あなたの E メールを読むのを楽しみました。 I want to see *Jomonsugi* someday. We also have wonderful nature in Australia. Do you know the Great Barrier Reef? We can see many beautiful coral reefs there.

But we have a problem of the coral reefs. Some of them are dying now. Some scientists say that the coral reefs are dying because the sea is getting warmer. If we do nothing about it, the coral reefs may die in a short time. ⑥We (   ) (   ) protect beautiful nature. We should start thinking about that more seriously.

注　*Jomonsugi*「縄文杉」屋久島にある木　last「続く」　forever「永遠に」
　　the Great Barrier Reef　オーストラリアにあるサンゴ礁の名称　coral reef(s)「サンゴ礁」
　　problem「問題」　dying die「枯れる」の ing 形　protect「保護する」　seriously「真剣に」

(1) ①，③，④の（　）内の語を適切な形に直しなさい。(12点)

(2) 下線部②がさす内容を具体的に日本語で書きなさい。(6点)

(3) 下線部⑤の日本文を英語にしなさい。(6点)

(4) 下線部⑥が「私たちは美しい自然を保護しなければなりません。」という意味になるように，（　）に適切な語を入れなさい。(3点)

(5) 次の質問に 3 語以上の英語で答えなさい。(5点)

Does Bill think they should do something to protect the coral reefs?

(1)	①	③	④
(2)			
(3)			
(4)		(5)	

1 昨日サッカーをした

Step 1　解答　　　　　　　p.2 ～ p.3

1 (1) wanted　(2) helped　(3) liked　(4) lived
　(5) studied　(6) stopped

2 (1) came　(2) gave　(3) wrote

3 (1) was　(2) were　(3) was　(4) were

4 (1) They didn't〔did not〕 help the foreign students.
　(2) I didn't〔did not〕 go to New York last year.
　(3) She didn't〔did not〕 buy the book for me.
　(4) Tom wasn't〔was not〕 sick yesterday.

5 (1) Did he play baseball after school?
　(2) Did you see Kenta at the station?
　(3) Were you at home yesterday?
　(4) Was your father busy last month?

解説 **3** 過去を表す語句に注目。「～にいた，～だった」は was，were を使って表す。was，were の使いわけは，主語によって判断する。
(1)「私は昨年，ニューヨークにいました。」
(2)「あなたは昨日，忙しかった。」
(3)「私の姉〔妹〕はそのとき，図書館にいました。」
(4)「彼らは2時間前，家にいました。」

4 一般動詞の過去の否定文は〈主語＋ didn't〔did not〕＋動詞の原形～.〉の形にする。be 動詞の過去の否定文は was，were のあとに not を置く。(1) は規則変化をする一般動詞。(2) (3) は不規則変化をする一般動詞で，went の原形は go，bought の原形は buy。(4) was not の短縮形は wasn't。
(1)「彼らはその留学生たちの手助けをしませんでした。」
(2)「私は昨年，ニューヨークに行きませんでした。」
(3)「彼女は私にその本を買ってくれませんでした。」
(4)「トムは昨日，病気ではありませんでした。」

5 一般動詞の過去の疑問文は〈Did ＋主語＋動詞の原形～?〉の形。be 動詞の過去の疑問文は was，were を主語の前に出す。(1) は規則変化をする一般

動詞。(2) は不規則変化をする一般動詞で，saw の原形は see。(3) (4) は be 動詞の過去の文。
(1)「彼は放課後，野球をしましたか。」
(2)「あなたは駅でケンタに会いましたか。」
(3)「あなたは昨日，家にいましたか。」
(4)「あなたのお父さんは先月，忙しかったですか。」

🔔 誤りに気をつけよう

▶ y で終わる動詞の過去形
He plaied baseball after school.
　　↘ **played**
「子音字＋ y」で終わる語は y を i にかえて ed をつけますが，「母音字＋ y」で終わる語はそのまま ed をつけます。
「子音字＋ y」cry → cried　study → studied
「母音字＋ y」play → played　stay → stayed

Step 2　解答　　　　　　　p.4 ～ p.5

1 (1) studied　(2) came　(3) go　(4) visited
　(5) take　(6) wrote　(7) get　(8) took

2 (1) were　(2) is　(3) were　(4) were
　(5) were not

3 (1) went　(2) didn't, watch
　(3) saw〔watched〕, last　(4) lived, ago

4 (1) was　(2) were　(3) was, not　(4) was
　(5) Was

5 (1) had a good time at the party
　(2) Did you watch the baseball game last
　(3) What did you eat for breakfast this morning?
　(4) was not a good tennis player ten years ago
　(5) How was the weather in London yesterday?

解説 **1** (1)「メアリーは昨日，英語を勉強しました。」
(2)「トムは先週，日本に来ました。」

(3) 「その女の子はこの前の土曜日，図書館へ行きませんでした。」

(4) 「私はこの前の夏，おじを訪ねました。」

(5) 「彼は公園で写真を撮りましたか。」

(6) 「私は昨夜，おばに手紙を書きました。」

(7) 「あなたは何時に起きましたか。」

(8) 「その老人は昨日の朝，散歩をしました。」

2 過去を表す語句に注目して，be 動詞を選ぶ。(2) は，now があるので現在の文であることに注意。

(1) 「昨晩はたくさんの人々がパーティーに出席していました。」

(2) 「私の兄〔弟〕は今まだ寝ています。」

(3) 「あなたはこの前の日曜日，どこにいましたか。」

(4) 「フレッドと私は昨年，日本にいました。」

(5) 「あなたは昨日，私に優しくありませんでした。」

4 すべて過去を表す語句があることから，入れる be 動詞は was か were である。主語が I と 3 人称単数のときは was，それ以外は were。

┌─────────────────────────┐
🚨 誤りに気をつけよう

▶**単数か複数か**

Fred and I ~~was~~ in Japan last year.
　　　　　　　↘**were**

単数の名詞どうしを and で結んでいるので，主語は Fred and I です。複数なので be 動詞は **were** となります。
└─────────────────────────┘

2　私はテレビを見ていた

Step 1　解答	p.6 ～ p.7

1 (1) 私はそのときギターをひいていました。

(2) 彼は新聞を読んでいました。

(3) 私の娘は電子メールを書いていました。

(4) 私の息子たちは公園で走っていました。

2 (1) washing　(2) listening

(3) was, studying

3 (1) The boy wasn't〔was not〕kicking a ball in the yard.

(2) They weren't〔were not〕swimming in the pool.

(3) The old man wasn't〔was not〕taking a walk.

4 (1) Were the boys listening to the teacher?

(2) Was it raining then?

(3) Were they eating dinner at eleven?

解説 **1** 〈was〔were〕＋～ing 形〉が使われているので，すべて過去進行形の文であると判断できる。過去進行形は，「～していた」と訳す。

3 (1) 「その少年は庭でボールをけっていませんでした。」

(2) 「彼らはプールで泳いでいませんでした。」

(3) 「その年配の男性は散歩をしていませんでした。」

4 (1) 「少年たちは先生の話を聞いていましたか。」

(2) 「そのとき雨が降っていましたか。」

(3) 「彼らは 11 時に夕食を食べていましたか。」

┌─────────────────────────┐
🚨 誤りに気をつけよう

▶**～ing 形の作り方**

My sons were ~~runing~~ in the park.
　　　　　　↘**running**

～ing 形を作るとき，「短母音＋子音字」で終わる語は子音字を重ねて ing をつけますから，run → running とします。run のほかに get, hit, sit, swim などがあります。
└─────────────────────────┘

Step 2　解答	p.8 ～ p.9

1 (1) was　(2) Were　(3) wasn't　(4) Were

(5) were　(6) Was　(7) cooking　(8) helping

(9) doing　(10) playing

2 (1) あなたはそのとき，夕食を作っていましたか。　記号ーカ

(2) あなたはそのとき何をしていましたか。記号ーウ

(3) 彼は宿題を終えましたか。　記号ーア

(4) あなた(たち)はそのときどこを散歩していましたか。　記号ーオ

(5) だれが台所でケーキを作っていましたか。記号ーイ

3 (1) waiting　(2) listening　(3) sitting

(4) coming　(5) doing

4 (1) was, eating〔having〕

(2) Were, playing　(3) was, writing

(4) was, not, raining

5 (1) Where were the boys running?

(2) Who was singing a song in the classroom?

6 (1) They were swimming in the river then.

(2) What were you doing in the kitchen this morning?

解説 **1** (1)「私はそのとき，テレビを見ていました。」

(2)「あなたは彼女と話していましたか。」

(3)「ケンはピアノをひいていませんでした。」

(4)「彼らはその本を探していましたか。」

(5)「ジョンと私はそのとき，眠(ねむ)っていました。」

(6)「東京では雨が降っていましたか。」

(7)「あなたのお母さんはそのとき，夕食を作っていましたか。」

(8)「彼らはお母さんの手伝いをしていました。」

(9)「彼はそのとき，何をしていましたか。」

(10)「トムとメアリーはテニスをしていました。」

2 (2)「何をしていましたか。」とたずねているので，「～をしていました」と答えている選択肢(せんたくし)を選ぶ。

(5)「だれが～していましたか。」とたずねているので，「～がしていました」＝〈主語＋was〔were〕.〉と答えている選択肢を選ぶ。(3)は，Didがあるので過去進行形の文ではなく，一般動詞の過去形の文であることに注意。

3 すべて直前にwas，wereがあるので，過去進行形の文であると判断できる。(3) sitの～ing形はtを重ねてingをつけるので，sittingとなる。(4) comeの～ing形は最後のeをとってingをつけるので，comingとなる。

(1)「彼らはあなたを待っていました。」

(2)「私の姉〔妹〕はお気に入りのCDを聞いていました。」

(3)「私は公園でベンチに座っていました。」

(4)「彼は私の家に来るところでした。」

(5)「私はそのとき何もしていませんでした。」

4 日本語訳に注目する。すべて「～していた」という日本語になっているので，過去進行形を使って表す。(3) writeは，最後のeをとってingをつけるので，writingとなる。

5 (1) 場所に下線が引いてあるので，「どこで」と場所をたずねる文にする。(2)主語(人)に下線が引いてあるので，主語(人)をたずねる文にする。

(1)「その少年たちはどこで走っていましたか。」

---

(2)「だれが教室で歌を歌っていましたか。」

6 (1) swimは，語尾(ごび)が「短母音＋子音字」なので，mを重ねてingをつけて，swimmingとする。

(2)「する」do，「今朝」this morning

⚠ 誤りに気をつけよう

▶**疑問文とその答え方**

Were you cooking dinner then?

― Yes, I ~~did~~.
　　　　　↳ **was**

疑問詞のない疑問文に答えるので，Yes / Noで答えます。また，過去進行形の文に答えるということも念頭に置いておきましょう。

一般動詞の過去の疑問文にはdidを使って答えますが，be動詞の過去の疑問文や，この文のように過去進行形の疑問文には，答える文の主語によってwas，wereのどちらかを使いわけて答えます。

Step 3　解答　　　p.10～p.11

1 (1) went　(2) studied　(3) watching

　　(4) wrote　(5) ate　(6) running

2 (1) When did her brother come home?

　　(2) Where was she making cookies?

　　(3) How long did he do his homework?

　　(4) What did Mike do at the zoo?

3 (1) Were, was　(2) did, made

　　(3) was, was　(4) did

4 (1) Were, swimming　(2) wasn't

　　(3) listened, to

5 ①ウ　②オ　③カ　④ク

解説 **1** (3) (6)は前に過去のbe動詞があることから，過去進行形の文と考える。

(1)「マイクはこの前の夏，フランスに行きました。」

(2)「私は昨晩，英語を勉強しました。」

(3)「彼はそのときどこで試合を見ていましたか。」

(4)「私の姉〔妹〕は昨日，友達に手紙を書きました。」

(5)「ジョンはこの前の日曜日，パーティーで中華料理(ちゅうかりょうり)を食べました。」

(6)「私の犬は公園で走っていました。」

2 (1)「彼女のお兄さん〔弟〕はこの前の日曜日，家に帰りました。」→「彼女のお兄さん〔弟〕は**いつ**家に帰

3

りましたか。」

(2)「彼女は台所でクッキーを作っていました。」→「彼女は**どこで**クッキーを作っていましたか。」

(3) 時間の長さをたずねるときは，How long を使う。「彼は2時間宿題をしました。」→「彼は**どのくらいの間**宿題をしましたか。」

(4)「マイクは動物園で写真を撮りました。」→「マイクは動物園で**何を**しましたか。」

3 それぞれ質問と答えの対話文になっているので，過去を表す語句や質問文に使われている動詞に注目する。

(1) A「あなたは2年前にこの町にいましたか。」
B「はい，いました。」

(2) A「あなたは昨日，台所で何を作りましたか。」
B「私はケーキを作りました。」

(3) A「昨日の天気はどうでしたか。」
B「くもりでした。」

(4) 疑問詞 Who が主語となる一般動詞の過去の疑問文には〈主語＋ did.〉で答える。
A「だれがその新しいコンピュータを壊しましたか。」
B「それは私ではありませんでした。ビルが壊しました。」

5 前後の文の意味を考えてあてはまる文を選ぶ。

《日本語訳》
ロイ：もしもし，ロイです。ケイはいますか。
ケイ：私です。
ロイ：やあ，ケイ。昨夜，電話したんだけど。
ケイ：あら，そうなの？　私，野球の試合に行っていたの。
ロイ：ほんとう？　どうだった？　楽しんだ？
ケイ：ええ，楽しんだわ。とてもわくわくする試合だった。あなたは昨日，何をしたの？
ロイ：ぼくは父のために車を洗って，何枚か映画のチケットをもらったんだ。きみ，行きたいかい？
ケイ：行きたいわ。いつ会う？
ロイ：4時15分にぼくの家ではどう？
ケイ：いいわよ。それでいいわ。
ロイ：じゃあ，そのときに会おう。

🔔 誤りに気をつけよう

▶ **Who で始まる疑問文**

Who **broke** the new computer?

一般動詞の過去の疑問文を作るときは，〈Did

＋主語＋動詞の原形〜?〉の形にします。しかし，「だれが」と主語をたずねる疑問文では，Who のあとは肯定文と同じ語順のままになります。
一般動詞の現在の文では主語の働きをする Who は3人称単数扱いです。

Who **makes** breakfast every day?

3 明日，公園に行く

Step 1 解答 p.12 〜 p.13

1 (1) We are going to play baseball after school.
(2) I am going to get up early tomorrow morning.
(3) He is going to study English next week.
(4) Mary is going to come to school tomorrow.

2 (1) I will visit my aunt in America this fall.
(2) He will play tennis with me tomorrow.
(3) I will be thirteen years old next year.

3 (1) George isn't〔is not〕going to be a doctor.
(2) We aren't〔are not〕going to help you.
(3) You won't〔will not〕be a teacher.

4 (1) Is she going to take the test?
(2) Will he be thirty next year?
(3) Will they come to our party?

解説 **1** 〈be going to ＋動詞の原形〉の形。
(1)「私たちは放課後，野球をするつもりです。」
(2)「私は明日の朝，早く起きるつもりです。」
(3)「彼は来週，英語を勉強する予定です。」
(4)「メアリーは明日，学校に来るつもりです。」
2 〈will ＋動詞の原形〉の形。
(1)「私は今年の秋，アメリカのおばを訪ねるつもりです。」
(2)「彼は明日，私とテニスをするつもりです。」
(3) be 動詞の原形は be となることに注意。「私は来年13歳になります。」
3 (1)(2) は be 動詞のあとに not，(3) は will のあとに not を置いて否定文にする。will not の短縮形は won't となるので注意。
4 (1) は is(be 動詞)を主語の前に，(2)(3) は will を主語の前に置いて疑問文にする。

▶ will ＋動詞の原形

He will plays tennis with me tomorrow.
　　　　　　↓
　　　　　play

　現在形であれば，play には 3 単現の s をつけて He plays tennis with me. となりますが，will という助動詞がつくと，そのあとの動詞は**原形**を使います。

Step 2　解答	p.14 ～ p.15

1 (1) watch　(2) be　(3) buy　(4) come
　　(5) travel　(6) are　(7) Are　(8) Will
　　(9) will　(10) is

2 (1) isn't　(2) he, will　(3) am, going, stay
　　(4) It, will, be

3 (1) I won't〔will not〕wash the dishes.
　　(2) Is he going to wait for us?
　　(3) What will he buy at the store?
　　(4) When will they visit Kyoto?
　　(5) Where is she going to meet him?

4 (1) will, be　(2) will, not　(3) are, you
　　(4) Shall, I

5 (1) I am going to visit Tokyo next week.
　　(2) Will you play soccer after school?
　　(3) He will not get up early tomorrow.

解説　**1**　(1) Shall we ～?「～しましょうか。」と相手を誘う表現。「～」の部分には動詞の原形を入れる。「今晩テレビを見ましょうか。」
(2)「明日は晴れでしょう。」
(3)「私は新しい車を買うつもりです。」
(4)「彼はすぐに帰ってくる予定です。」
(5)「私の両親は海外旅行をする予定です。」
(6)「ケイトとジョンは結婚する予定です。」
(7)「あなたは私とテニスをするつもりですか。」
(8)「彼は今日の午後は忙しいですか。」
(9)「おじは私に贈り物をくれないでしょう。」
(10)「マイクは私たちといっしょに来る予定です。」

2　質問と答えの対話文になっている。be going to と will を使った疑問文とその答え方をマスターしておこう。
(1) A「ケイトは明日，カナダに向けて出発する予定で

すか。」B「いいえ，そうではありません。」
(2) A「あなたの弟は来月 10 歳になりますか。」B「はい，そうです。」
(3) A「あなたはおじさんの家にどのくらい滞在するつもりですか。」B「1 週間滞在するつもりです。」
(4) A「明日の天気はどうでしょう。」B「午前中は曇りで，午後は雨が降るでしょう。」

3　(3)～(5) は疑問詞で文を始めて，あとにそれぞれ be going to や will の疑問文の語順を続ける。(4) は「いつ訪れる予定ですか。」，(5) は「どこで会うつもりですか。」とたずねる疑問文を作ればよい。
(1)「私は皿を洗うつもりはありません。」
(2)「彼は私たちを待つつもりですか。」
(3)「彼はその店で食べ物を買う予定です。」→「彼はその店で**何を**買う予定ですか。」
(4)「彼らは来週京都を訪れる予定です。」→「彼らは**いつ**京都を訪れる予定ですか。」
(5)「彼女は公園で彼と会う予定です。」→「彼女は**どこで**彼と会う予定ですか。」

4　(4)「窓を開けましょうか。」は「(私が)窓を開けましょうか。」と相手に申し出るときに使う表現。Shall we ～? ではなく Shall I ～? を使う。

▶ 1 つの文に動詞は 1 つ

The train won't be arrive on time.
　　　　　　↓
　　　　will not

「電車は定刻に到着しないでしょう。」という意味の英文になるように適切な語を入れる問題です。won't は will not の短縮形で，空所のあとに arrive という動詞が与えられていますから，be は不要です。よって，2 つの空所には won't be ではなく，will not を入れるのが適切です。

4　話すことができる

Step 1　解答	p.16 ～ p.17

1 (1) must　(2) can　(3) may　(4) must not

2 (1) I can't〔cannot〕climb the mountain.
　　(2) You mustn't〔must not〕open the box.
　　(3) We don't have to study on Sundays.
　　(4) He doesn't have to start at once.
　　(5) You may not be right.

3 (1) Can you make a cake?

(2) Must I wash the dishes?

(3) Can she get up early?

(4) Do we have to clean our shoes?

(5) Does he have to finish his homework by tomorrow?

解説 **１** 助動詞の基本的な意味を覚えよう。can「～することができる」，must「～しなければならない」，may「～してもよい」

２ (1)(2)(5)は助動詞のあとに not を置いて否定文を作る。(2) must not の短縮形は mustn't で，「～してはいけない」の意味。(3) have to → don't have to，(4) has to → doesn't have to とする。「～する必要はない」という意味になる。

(1)「私はその山に登ることができません。」

(2)「あなたはその箱を開けてはいけません。」

(3)「私たちは日曜日に勉強する必要はありません。」

(4)「彼はすぐに出発する必要はありません。」

(5)「あなたは正しくないかもしれません。」

３ 主語の前に助動詞を置いて疑問文を作る。

(4)(5) have to，has to を使う文では，Do，Does を主語の前に置く。

(1)「あなたはケーキを作ることができますか。」

(2)「私はお皿を洗わなければいけませんか。」

(3)「彼女は早く起きることができますか。」

(4)「私たちは自分の靴(くつ)をきれいにしなければなりませんか。」

(5)「彼は明日までに宿題を終えなければなりませんか。」

> **🚨 誤りに気をつけよう**
>
> ▶ **Must I wash the dishes? に答える**
>
> Yes と答える場合には，Yes, you must. と答えればよいのですが，では No と答える場合には，どのようにすればよいでしょうか。
>
> ~~No, you must not.~~
> ↳ **No, you don't have to.**
>
> Must ～? の疑問文に対して No で答える場合，must not は「～してはいけない」という意味なので，使いません。ここでは，「～しなくてもよいです」と答えるのが正しい答え方になるので，don't〔doesn't〕have to を使います。

---

１ (1) She can swim well.

(2) You have to brush your teeth.

(3) I must take care of my sister.

(4) He may come home early.

２ (1) come　(2) to get　(3) had　(4) be

(5) have

３ (1) May　(2) have　(3) can　(4) had

(5) be able to

４ (1) must, not　(2) has, to　(3) Does, have

(4) able, to

５ (1) You had to go to school.

(2) Must it be rainy tomorrow?

(3) You will have to hurry.

(4) She will be able to write a letter in English.

(5) May I use this computer?

６ (1) Can you drive (a car)?

(2) He may not be (an) American.

解説 **２** (3) have〔has〕to は過去の文では主語が何でも had to。(4) be 動詞の原形は be。

(1)「あなたは明日帰ってくることができますか。」

(2)「私たちは早く起きる必要はありません。」

(3)「彼は昨日，そのお金を支払(しはら)わなければなりませんでした。」

(4)「あなたはお年寄りに親切にしなければなりません。」

(5)「彼はその仕事を正午までに終わらせなければなりませんか。」

３ (4) 文末に yesterday があるので，「～しなければならなかった」という意味の文にする。must に過去形はないので，had to を使って表す。(5) will と can のような助動詞を 2 つ並べて使うことはできないので，can のかわりに be able to を使う。

(1)「質問してもいいですか。」

(2)「私の母は日曜日には料理をする必要はありません。」

(3)「あなたはこの本を容易に読むことができます。」

(4)「ジョンは昨日，図書館に行かなければなりませんでした。」

(5)「あなたは来年はうまく英語が話せるでしょう。」

４ (1) Don't ～. ＝ You must not ～.「その川で泳い

ではいけません。」

(2) 「彼は手紙を書かなければいけません。」

(3) 「彼女は夕食の前に宿題をしなければなりませんか。」

(4) 「私の父はゴルフができます。」

5 (1) 「あなたは学校に行かなければなりませんでした。」

(2) 「明日は雨にちがいありませんか。」

(3) must「～しなければならない」の意味を未来の文で使うときは, will must と助動詞を2つ並べることはできない。must = have to を使って will have to で表す。「あなたは急がなければならないでしょう。」

(4) 「彼女は英語で手紙を書くことができるでしょう。」

(5) 「このコンピュータを使ってもいいですか。」

6 (2) may は「～してもよい」という意味のほかに「～かもしれない」という意味も表す。ここでは, may not とすればよい。

🚨 誤りに気をつけよう

▶**助動詞は並べて書くことはできない**

You will ~~can~~ speak English well next year.

be able to

助動詞を2つ連続して使うことはできません。「～できるでしょう」と書きたい場合には, can = be able to を使って, 〈will be able to ＋動詞の原形〉の形を使います。

Step 3	解答	p.20 ～ p.21

1 (1) Does, have, to　(2) had, to

(3) must, not　(4) Is, going

(5) will, be, able, to

2 (1) Shall　(2) must　(3) Will　(4) have to

(5) be able to　(6) had to

3 (1) May I have your name

(2) won't be able to finish

(3) How long are you going to stay

4 (解答例)

(1) I am going to go to the movies.

(2) I have to clean my room every Saturday.

5 (1) ① Where　③ Shall

(2) (例)ジェームズに自分の町の古い家につい

てたずねられたが, 答えることができなかったから。

解説 **1** それぞれ日本文と空所の個数に注目して考える。(4)は日本文だけを見て Will と書かないように注意しよう。

2 (1) 「あなたのバックを運びましょうか。」「いいえ, けっこうです。」

(2) 「あなたはいつも学校に遅刻しますね。早く起きないといけませんよ。」

(3) Will you have ～? は, 「～はいかがですか。」と相手に勧める言い方。「お茶をもう1杯いかがですか。」「いいえ, けっこうです。」

(4) 「あなたは1日でそれを終えなければならないでしょう。」

(5) 「彼女はその山に登ることができるでしょう。」

(6) 「彼は昨日, このはがきに切手をはらなければなりませんでした。」

3 (1) 「名前を聞いていいですか。」と考える。

(2) 「～できないでしょう」は, won't be able to ～ とする。

(3) 「どのくらいの期間～？」は, How long ～? を使って表す。

5 (1) ①すぐあとで「ニューヨークに。」とエミが答えているので, 場所をたずねていると考える。③前後の文脈から「いっしょに行きませんか。」と誘っていると考えられる。Shall we ～? 「～しましょうか。」

(2) 直前に「私は彼の質問に答えることができなかった。」とある。

《日本語訳》

トム：こんにちは, エミ。きみはアメリカで楽しい時間を過ごしたかい？

エミ：ええ, 過ごしたわ。

トム：きみはアメリカのどこに滞在したの？

エミ：ニューヨークよ。私はそこでホームステイを楽しんだのよ。ホストファミリーの男の子のジェームズが, 私にとても優しくしてくれたわ。今では, ジェームズと私はいい友達よ。

トム：きみはそこで有名な場所をたくさん訪れた？

エミ：ええ。ジェームズと私はいっしょにたくさんの場所へ行ったわ。ジェームズはその場所についてたくさんのことを知っていて, それらの歴史について私に話してくれたの。おもしろかったわ。

トム：ジェームズは日本の歴史についてきみにたずねたかい？

エミ：ええ。私は自分の町の写真を何枚かジェームズに見せたの。ジェームズは1軒（けん）の古い家の写真を見て，私にその家についてたずねたわ。私は彼の質問に答えることができなかったの。私は自分の町についてもっと勉強しなければならないわ。

トム：それはいいことだよ。ぼくは今度の土曜日にこの町の古い家をいくつか訪問するつもりなんだ。いっしょに行かない？

エミ：いいわよ。

誤りに気をつけよう

▶相手に申し出る表現

"~~May~~ I carry your bags?
　　↳ **Shall**

"No, thank you."

May I ~? は「～してもいいですか。」と相手に許可を求める表現で，これに対しては Yes, you may. / No, you may not. などと答えます。しかし，ここでは No, thank you.「いいえ，けっこうです。」と相手の申し出を断る表現になっていますから，Shall I ~?「～しましょうか。」と相手に何かを申し出る表現が適切です。

5　机の上に本がある

Step 1　解答　　　p.22 ～ p.23

1 (1) is　(2) are　(3) are　(4) Are　(5) Is
(6) are

2 (1) were　(2) was　(3) was　(4) were
(5) Was　(6) Were

3 (1) There isn't〔is not〕an album on the table.
(2) There wasn't〔was not〕much rain last year.
(3) There weren't〔were not〕any stars in the sky last night.

4 (1) Is there a sofa in your room?
(2) Are there any stores in the town?
(3) Was there a pretty girl at the party?

解説 **1** be 動詞のあとの主語が単数か複数かによって，be 動詞を使いわける。(2) children は child

---

の複数形。(3) people は「人々」という意味の集合名詞で複数扱い。(6) How many students の部分が主語。

(1)「その部屋には1台のピアノがあります。」
(2)「公園には数人の子どもたちがいます。」
(3)「そのパーティーにはあまり人はいません。」
(4)「かべに何枚かの絵〔写真〕がかかっていますか。」
(5)「そのかばんの中にカメラが入っていますか。」
(6)「あなたのクラスには何人の生徒がいますか。」

2 (1)「図書館にはたくさんの本がありました。」
(2)「テーブルの下にねこが1匹（びき）いました。」
(3)「かべに地図はかかっていませんでした。」
(4)「その部屋にはいすが1つもありませんでした。」
(5)「向こうに教会がありましたか。」
(6)「テーブルの上にたくさんのりんごがありましたか。」

3 There is〔are〕～，There was〔were〕～ の否定文では，be 動詞のあとに not を置く。
(1)「テーブルの上にアルバムはありません。」
(2)「昨年は雨があまり降りませんでした。」
(3)「昨夜は空に星が1つもありませんでした。」

4 There is〔are〕～，There was〔were〕～ の疑問文では，there の前に be 動詞を置く。(2) 疑問文や否定文では，some は any にすることに注意。
(1)「あなたの部屋にはソファーがありますか。」
(2)「その町には数軒の店がありますか。」
(3)「そのパーティーにかわいい女の子がいましたか。」

誤りに気をつけよう

▶初めて話題にする内容

~~A book~~ is on the desk.
　　↳ **There is a book on the desk.**

「机の上に本が1冊あります。」を英語で表現する場合，There is ～とするのがふつうです。ただし，a book と不定冠詞（ふていかんし）a がついていることからもわかるように，これは初めて話題にする内容です。一度話題にした本のことを言うのであれば，特定のものを指すことになるので，**The book** is on the desk. と表します。

Step 2　解答　　　p.24 ～ p.25

1 (1) many, are　(2) There, is
(3) there, any　(4) was, a　(5) were, three

2 (1) There was a desk near the wall.

(2) There are a lot of temples in Kyoto.

(3) There are five birds in the tree.

(4) There were many flowers in the vase

(5) There was an old church on the hill

3 (1) was　(2) are, not　(3) there, many

(4) are, there

4 (1) There are seven children in the park.

(2) Was there a heavy rain last night?

(3) There aren't〔are not〕 any parks near here.

(4) How many eggs are there in the basket?

(5) There were some cars on the street yesterday.

5 (1) There were some〔a few〕 girls in the gym.

(2) How many months are there in a year?
〔How many months does a year have?〕

解説 **1** (2) water は**数えられない名詞**なので単数扱い。したがって There is much water ～. となる。

(3) stores と複数形になっているので，a ではなく any が適切。

2 〈There is〔are〕＋主語＋場所を表す語句．〉の形。

3 上の文の主語(単数か複数か)と時制(現在形か過去形か)に合わせて be 動詞を決める。

(1) a lot of rain は単数扱いであることに注意。「昨年は雨がたくさん降りました。」

(2) 「私たちの学校にはあまり生徒はいません。」

(3) 「この図書館にはたくさんの本がありますか。」

(4) 「あなたの市には川がいくつありますか。」

4 (1) 「公園に子どもが１人いました。」→「公園に子どもたちが７人いました。」

(2) 「昨夜はひどい雨でした。」→「昨夜はひどい雨でしたか。」

(3) 「この近くに公園がいくつかあります。」→「この近くに公園は１つもありません。」

(4) 「かごの中に卵が２つあります。」→「かごの中に卵はいくつありますか。」

(5) 「今日は通りに車が何台かあります。」→「昨日は通りに車が何台かありました。」

5 (2) 「何か月」と数をたずねるので，〈How many ＋名詞の複数形＋ are there ～?〉の形。

🚨 **誤りに気をつけよう**

▶ **a lot of rain は単数扱い**

There ~~were~~ a lot of rain last year.
　　　↘ **was**

a lot of ～は「たくさんの～」という意味ですが，数えられる名詞にも数えられない名詞にも使えます。この文では**数えられない名詞 rain** があるので，a lot of rain は**単数扱い**になります。したがって，There was ～ が正しい形です。

6　日曜日に，駅で

Step 1　解答　　　　　　　p.26 ～ p.27

1 (1) in　(2) at, on　(3) during　(4) until

(5) after

2 (1) in　(2) under　(3) on　(4) near　(5) over

3 (1) on　(2) to, by　(3) for, with　(4) for

(5) of, for

解説 **1** (1) 〈in ＋季節〉＝「～(季節)に」　(2) 〈at ＋時刻〉＝「～(時刻)に」，〈on ＋曜日〉＝「～(曜日)に」

(3) 〈during ＋特定の期間〉＝「～の間」　(4) until「～まで(ずっと)」　(5) after「～のあと(で)」

2 (1) in「～の中に〔で〕」　(2) under「～の下に〔で〕」

(3) 〈on ＋場所〉＝「～の上に，～に(接触して)」

(4) near「～の近くに〔で〕」　(5) over「～の上を〔に〕，～を越えて」は，接触を表す on とのちがいに注意。

3 (1) on TV「テレビで」　(2) 〈to ＋場所〉＝「～に」，〈by ＋交通手段〉＝「～で，～を使って」　(3) look for ～「～を探す」，with「～といっしょに」　(4) be famous for ～「～で有名である」　(5) be full of ～「～でいっぱいである」，for example「たとえば」

🚨 **誤りに気をつけよう**

▶ **交通手段を表す by**

They will go to the zoo by ~~the~~ bus.
　　　　　　　　　　　　↘ **不要**

by を使って交通手段を表すときは，〈by ＋乗り物〉の形で使います。乗り物を表す名詞の前に the や a はつけません。また，「徒歩で」を表すときは，by ではなく on を使います。

I went to the park ~~by~~ foot.
　　　　　　　　　　↘ **on**

9

1 (1) on　(2) under　(3) after　(4) on　(5) by

(6) about　(7) in　(8) at　(9) between　(10) on

2 (1) by　(2) of　(3) to, with　(4) of

(5) listens, to　(6) from, to　(7) to

(8) takes, of

3 (1) at　(2) with　(3) for

4 (1) is a bank in front of our school

(2) Ken is very good at soccer.

(3) by the window is my brother

(4) I was waiting for Tom until five.

(5) took care of the dog after school

解説 **1** (1)「～月に」は in で表すが，日付まで言うときは on を使う。「私たちは 6 月 10 日にパーティーを開くつもりです。」

(2)「テーブルの下にかばんがあります。」

(3)「メアリーは夕食のあと，英語を勉強しました。」

(4) on the wall「かべに（かかった）」「彼らはかべにかかった絵を見ました。」

(5)「車でその店に来ないでください。」

(6) talk about ～「～について話す」「私たちは昨日，旅行について話しました。」

(7)〈in＋言語〉=「～語で〔の〕」「私は英語で手紙を書かなければなりません。」

(8) be good at ～「～が上手〔得意〕である」「私の兄〔弟〕はテニスがとても上手〔得意〕です。」

(9) between A and B「A と B の間に」「メグはジャックとナンシーの間に座っていました。」

(10) get on ～「～（乗り物など）に乗る」「彼らは駅で電車に乗りました。」

2 (1) by「～までに」は，ある時間までの間のどこかの時点を表す。(2) in front of ～「～の前に〔で〕」(4) of「～の」(5) listen to ～「～を聞く」(6) from A to B「A から B へ」(7) get to ～「～に到着する」(8) take care of ～ = look after ～「～の世話をする」

3 (1) at night「夜に」，look at ～「～を見る」

(2) with には「～で，～を使って」という道具を表す意味もある。(3)〈for＋期間の長さを表す語〉=「～の間」

(1)「私たちは夜にたくさんの星を見ることができます。」「ジェーンは私を見て，にっこり笑いました。」

(2)「私は友達といっしょに野球をしました。」「このペ

ンであなたの名前を書いてください。」

(3)「あの店はおいしいチョコレートで有名です。」「私たちは昨日，1 時間その映画について話しました。」

4 (3) by「～のそばに〔で〕」(4) until〔till〕「～まで（ずっと）」は，動作や状態が継続する終点を表す。

🚨 **誤りに気をつけよう**

▶ **前置詞と結びついた表現**

Jane looked for me and smiled.

↳ at

前置詞と結びついた表現は，使う前置詞によって意味がまったく異なるので使いわけに注意しましょう。

・look at ～　　「～を見る」

・look for ～　　「～を探す」

・look into ～　　「～をのぞきこむ」

・look like ～　　「～のように見える」　など

---

1 (1) are　(2) was　(3) were　(4) on

(5) of, over

2 (1) wait, for　(2) between, and

(3) from, to〔until, till〕　(4) late, for

3 (1) was　(2) There, are　(3) has

(4) city, has　(5) have　(6) is, not, any

4 (1) How many days are there in a week?
〔How many days does a week have?〕

(2) I usually listen to music before dinner.

5 (1) There are many shops in the shopping center.

(2) (例) お気に入りのカップを割ってしまったから。

解説 **1** 文末の副詞によって現在形か過去形かを判断し，主語によって単数か複数かを判断する。また，前置詞はうしろにつづく語句に注意して使いわける。(4)「午前中に」は in the morning だが，特定の曜日の朝を指すときは on を使う。

(1)「現在，世界にはいくつの言語がありますか。」

(2)「昨日は庭にたくさんの雪がありました。」

(3)「昨年は私の家に 2 匹の犬がいました。」

(4)「私は日曜日の朝に早く起きました。」

(5)「彼は川にかかっている大きな橋の写真を撮りまし

た。」

2 (1) wait for ～「～を待つ」 (3) from A to〔until, till〕B「AからBまで(ずっと)」 (4) be late for ～「～に遅(おく)れる」

3 「～は…を持っています。」という文は，「～には…があります。」と言いかえることができる。

(1)「私たちの学校には大きな図書館がありました。」

(2)「日本にはたくさんの山があります。」

(3)「1週間には7日あります。」

(4)「私たちの市にはたくさんの公園があります。」

(5)「1年には何か月ありますか。」

(6)「びんの中にミルクが少しもありません。」

5 (1) are, there から There are ～ の文にする。be動詞が are なので，主語にくる語は the shopping center ではなく，複数形の shops であると考える。「ショッピングセンターには店がたくさんあります。」という意味の文。(2) 下線部の直前に，「昨夜カップを会社で割ったが，それは彼のお気に入りのカップだった」とある。これが悲しい気持ちだった理由である。

《日本語訳》

ルーシー：マイク，今度の土曜日の予定は？　ひま？ショッピングに行って，父の日のプレゼントを買いましょうよ。

マイク　：ルーシー，いい考えだね。でも土曜日は野球の試合があるんだ。日曜日はどう？

ルーシー：日曜日は駅の近くの図書館で友達のリサと会う予定なの。

マイク　：一日中かかるの？

ルーシー：たぶんね。でも図書館は5時に閉まるから，それまでには終わるわ。そのあとならいっしょに行けるわ。

マイク　：じゃあ，5時15分に駅で会って，それから駅の近くの新しいショッピングセンターに行こう。

ルーシー：いいわよ。そのショッピングセンターの中にはお店がたくさんあるわ。そこでならお父さんのためにすてきなプレゼントを見つけることができるわ。

マイク　：うーん，何をプレゼントするかいい考えはあるかい？

ルーシー：そうねえ，お父さんは腕時計(うでどけい)が大好きよ。でも私たちには買えないわね。腕時計は高いもの！

マイク　：ああ，今思い出した。昨夜お父さんは会社でカップを割ったんだ。本当にお気に入りのカップだったから，悲しんでいたよ。新しいカップはどうかな？

ルーシー：よさそうね。お父さんは気に入ると思うわ。

🔔 誤りに気をつけよう

▶ **in か on か**

I woke up early ~~in~~ Sunday morning.
↘ **on**

　午前(朝)や午後，夕方などを表すときは，ふつう前置詞の in を使って，in the morning のように表しますが，特定の日の午前，午後，夕方などを表すときは，in ではなく on を使って，on Sunday morning のように表します。

7　勉強することが好き

Step 1　解答　　　　　　　　p.32 ～ p.33

1 (1) see　(2) go　(3) To have　(4) is
　　(5) to sing　(6) to become

2 (1) to, take　(2) To, speak
　　(3) to, work　(4) to, know

3 (1) My sister likes to listen to music.
私の姉〔妹〕は音楽を聞くことが好きです。

(2) Do you want to play tennis with your daughter?　あなた(たち)は娘といっしょにテニスをしたいですか。

(3) I started to write an e-mail.
私は電子メールを書き始めました。

(4) My dream is to see the pyramids in Egypt.　私の夢はエジプトでピラミッドを見ることです。

(5) To take a walk is fun.
散歩をすることは楽しいです。

解説 **1** 「～すること」という意味は，不定詞の名詞的用法を使って表す。〈to ＋動詞の原形〉の形。(1)(5) は want to ～「～したい」，(2) は like to ～「～することが好きだ」。

2 (2) 不定詞が文の主語になっている。(3) 不定詞が文の補語になっている。

3 すべて〈to ＋動詞の原形〉の形にする。日本語に訳

すときには，like to ～「～するのが好きだ」，want to ～「～したい」，start to ～「～し始める」と訳すと自然な日本語になる。

誤りに気をつけよう

▶主語になる To ～ は単数扱い

To play video games are a lot of fun.
               ↳ **is**

video games だけが主語であれば，Video games are a lot of fun. と言えますが，ここでは **To play video games**「テレビゲームをすること」全体が主語になっており，これは**単数扱い**になります。したがって，上の文の動詞は is が適切です。

Step 2　解答　　　　　　　　p.34 ～ p.35

1 (1) to visit　(2) to play　(3) to sing
　　(4) to dance　(5) to watch　(6) to become
　　(7) To tell　(8) to do　(9) to learn
　　(10) to buy

2 (1) to buy　(2) to take　(3) ○　(4) to make
　　(5) is

3 (1) wants, to　(2) Do, to　(3) is, to, visit
　　(4) began〔started〕, to, do

4 (1) She likes to travel alone.
　　(2) The train began to move slowly.
　　〔Slowly the train began to move.〕
　　(3) What do you want to be

5 (1) その山に登ることは私には難しい。
　　(2) メアリーは図書館で日本語を勉強し始めました。
　　(3) 私の夢は海外旅行をすることです。

6 (1) Does he want to use this dictionary?
　　(2) Where does Yumi want to visit someday?
　　(3) What is Tom's dream?

解説　**1**　一般動詞 want, like, begin, start はすべて，目的語に〈to ＋動詞の原形〉をとることができる。
(1) 「私は京都を訪れたいと思っています。」
(2) 「ケイコはピアノをひくのが好きです。」
(3) 「トムは古い歌を歌い始めました。」
(4) 「彼はあなたといっしょに踊りたいと思っていま

す。」
(5) 「あなたはテレビを見たいですか。」
(6) 「私の夢は科学者になることです。」
(7) 「うそをつくのは悪いことです。」
(8) 「あなたは何をする必要がありますか。」
(9) 「あなたはいつ英語を学び始めたのですか。」
(10) 「あなたは何枚の CD を買いたかったのですか。」
2　(1) need のあとが動詞の原形だけなので need to ～「～する必要がある」とする。
(2) 主語が何でも，to のあとの動詞は原形。
(3) 不定詞が文の補語になっている形で正しい。
(4) try to ～「～しようとする」。to のあとの動詞は原形。make friends with ～ は「～と友達になる」という意味。
(5) 不定詞が主語になるときは単数扱いなので，be 動詞は，are ではなく is にする。
(1) 「あなたは新しいカメラを買う必要がありますか。」
(2) 「彼は朝早くに散歩するのが好きです。」
(3) 「私の望みはテレビでサッカーの試合を見ることです。」
(4) 「ジェーンは彼と友達になろうとしました。」
(5) 「写真を撮ることはおもしろいです。」
4　すべて不定詞の名詞的用法で表す。
(1) like to ～ の形を使う。
(2) begin to ～ の形を使う。
(3) want to ～ の形を使う。
6　(1) 主語が he にかわるので，Do を Does にかえる。want のあとは〈to ＋動詞の原形〉のまま。「あなたはこの辞書を使いたいですか。」→「彼はこの辞書を使いたがっていますか。」
(2) 「ユミはいつか東京を訪れたいと思っています。」→「ユミはいつかどこを訪れたいと思っていますか。」
(3) 「トムの夢は大工になることです。」→「トムの夢は何ですか。」

誤りに気をつけよう

▶1つの文に動詞は1つ

Where is Yumi want to visit someday?
    ↳ **does**

is Yumi の部分だけを見ると正しいように思えますが，そのあとに **want** という一般動詞がありますから，疑問文では does を使わなければなりません。

8 読む本がある

1 (1) to, do　(2) to, buy　(3) happy〔glad〕, to
　(4) to, read　(5) to, study

2 (1) ①するべき仕事　②しなければならない
　(2) ①食べたい　②何か食べ物

3 (1) I was sad to hear the news.
　(2) We came here to help you.
　(3) Tom has some books to read.

解説　**1** (1)「するべき」とあるので不定詞の形容詞的用法，(2)(5)「〜するために」とあるので不定詞の副詞的用法(目的)，(3)「〜して」とあるので不定詞の副詞的用法(原因)，(4)「〜する(ための)」とあるので不定詞の形容詞的用法。

2 (1) ①は不定詞の形容詞的用法，②は「〜しなければならない」＝have to〜を使った文。(2) ①は不定詞の名詞的用法，②は不定詞の形容詞的用法。

3 (1)「〜して」とあるので，不定詞の副詞的用法(原因)を使った文。(2)「手伝いをしに」は「手伝いをするために」と考えて，不定詞の副詞的用法(目的)を使って表す。(3)「読むべき」とあるので，不定詞の形容詞的用法を使って表す。

🚨 誤りに気をつけよう

▶ **to＋動詞の原形**

She went to the store to ~~bought~~ some food.
　　　　　　　　　　　　　　↘ **buy**

　これは過去形の went に合わせて buy を過去形 bought にした誤りです。〈to＋動詞の原形〉は，どんな時制の文中にあっても形はかわりません。未来時制の文中であっても She will go to the store **to buy** some food. となります。

---

1 (1) to eat　(2) to take　(3) to get

2 (1) My father has a lot of work to do.
　(2) I'm very glad to see you again.
　(3) Did you have a chance to talk with her
　(4) went to Paris to study art

3 (1) see　(2) to, read　(3) to, buy
　(4) have, to, do

4 (1) イ　(2) ウ　(3) イ　(4) イ

5 (1) 私たちはあなた(たち)から便りがあって，とてもうれしい。
　(2) 彼はサッカーをするためにイタリアに行きました。
　(3) (私は)何か冷たい飲み物がほしい。

解説　**1** (1)「私は何か食べ物がほしかった。」
(2)「私の兄〔弟〕は写真を撮るために，動物園を訪れました。」
(3)「私は１等賞がとれてうれしかったです。」

3 (1)「私はその家に行って，彼に会いました。」＝「私は彼に会うためにその家に行きました。」
(2)「何通か手紙があります。私はそれらを読まなければなりません。」＝「私には読まなければならない手紙が何通かあります。」
(3)「彼はその店に行きました。彼はそこで腕時計を買いました。」＝「彼は腕時計を買うためにその店に行きました。」
(4)「私は今日，たくさんの宿題をしなければなりません。」＝「私には今日しなければならない宿題がたくさんあります。」

4 (1)「私はそのニュースを聞いてとてもうれしかった。」不定詞の副詞的用法(原因)を使っているイを選ぶ。アは名詞的用法，ウは形容詞的用法。
　ア「トムはひまなときに本を読むのが好きです。」
　イ「私はまたあなたに会えて驚いています。」
　ウ「私には見るべきDVDがたくさんあります。」
(2)「私はあなたに話さなければならないことがあります。」不定詞の形容詞的用法を使っているウを選ぶ。アは名詞的用法，イは副詞的用法(目的)。
　ア「私は海で泳ぎたい。」
　イ「私たちは彼らとおしゃべりをするためにこの部屋にいます。」
　ウ「あなたは何か温かい食べ物がほしいですか。」
(3)「私たちはテニスをするために公園に行きました。」不定詞の副詞的用法(目的)を使っているイを選ぶ。アは形容詞的用法，ウは名詞的用法。
　ア「私たちはここに滞在するための時間があまりありません。」
　イ「昼食のあと数学を勉強するために図書館に行きましょう。」
　ウ「トムは昨年その川で泳ごうとしました。」
(4)「台所に何か食べ物がありますか。」不定詞の形容詞

的用法を使っている**イ**を選ぶ。**ア**は名詞的用法，**ウ**は副詞的用法（目的）。

ア「あなたは将来何になりたいですか。」

イ「私は本を読む時間をとってもいいですか。」

ウ「私の姉〔妹〕は音楽を勉強するためにカナダに行きました。」

5 (3)「何か冷たい飲み物」＝something cold to drink の語順に注意。

🚨 誤りに気をつけよう

▶ **to ～「～するために」**

「彼は腕時計を買いにその店に行きました。」

He went to the store ~~and buy~~ a watch.
　　　　　　　　　　　　　to buy

日本語の意味に合う英文にするなら，to buy a watch が適切。しかし，彼が実際に腕時計を買ったのなら He went to the store and bought a watch.「彼はその店に行って腕時計を買いました。」とすることも可能です。

---

9 音楽を聞くことはおもしろい

Step 1　解答　　　　　　　　p.40 ～ p.41

1 (1) playing　(2) Going　(3) seeing
(4) raining

2 (1) ①私は切手を集めています。
②私の趣味は切手を集めることです。
(2) ①彼らは話すのをやめました。
②彼らは話すために立ち止まりました。
(3) ①私はおもしろい本を読んでいます。
②本を読むことはおもしろい。

3 (1) cooking　(2) Playing
(3) painting〔drawing〕　(4) riding
(5) Telling

解説 **1** 「～すること」と言うときは，不定詞の名詞的用法か動名詞を使って表す。

2 (1) ①の collecting は進行形に用いられた現在分詞。②は文の補語になっている動名詞。(2) stop ～ing「～するのをやめる」，stop to ～「～するために立ち止まる」と，それぞれ意味が異なるので注意。(3) ①の reading は進行形に用いられた現在分詞。②は文の主語になっている動名詞。

3 (4) be good at ～ing「～することが得意だ」　前

置詞のあとにくる動詞は動名詞の形。

🚨 誤りに気をつけよう

▶ **前置詞のあとの動詞の形**

He is good at ~~to ride~~ a horse.
　　　　　　　　riding

前置詞は，名詞または動名詞を目的語にとるので，to ride はまちがいです。次のものは熟語のように覚えておきましょう。

be good at ～ing「～することが得意だ」

look forward to ～ing「～することが楽しみだ」

be fond of ～ing「～することが好きだ」

Thank you for ～ing.「～してくれてありがとう。」

Step 2　解答　　　　　　　　p.42 ～ p.43

1 (1) enjoyed, playing　(2) finish, reading
(3) at, playing　(4) stopped, raining
(5) going

2 (1) Mike is very fond of playing video games.
(2) She went away without saying good-by.
(3) Swimming in the sea is
(4) hope to visit Spain someday
(5) The boys stopped talking.

3 (1) **ア**　(2) **ウ**　(3) **イ**

4 (1) He is good at swimming.
(2) How about playing soccer after school?
(3) I am fond of running in the morning.
(4) I enjoyed listening to the song.

5 (1) I finished doing my homework last night.
(2) Speaking〔To speak〕English is difficult for me.

解説 **1** (1) enjoy ～ing「～をして楽しむ」

(2) finish ～ing「～をし終える」

(3) be good at ～ing「～をするのが得意である」

(4) stop ～ing「～するのをやめる」

(5) How about ～ing?「～するのはいかがですか。」

2 (1) be fond of ～ing「～するのが好きだ」

(2) without ～ing「～しないで」　(3) 動名詞が文の主語となる形。(4) 不定詞の名詞的用法。hope は目的語に不定詞のみをとる動詞。(5) stop ～ing「～する

14

のをやめる」

3 (1) begin ～ing「～し始める」で，動名詞の形。動名詞が文の補語になっている**ア**が適切。**イ**は現在進行形の文。**ウ**は過去進行形の文。

(2) 不定詞の形容詞的用法を使っている文を選ぶ。**ア**は感情の原因を表す副詞的用法，**イ**は名詞的用法，**ウ**は to see がうしろから名詞 places を修飾している形容詞的用法。

(3) finish ～ing「～し終える」で，動名詞の形。**ア**は現在進行形，**ウ**は過去進行形の文。**イ**は動名詞。like は不定詞も動名詞も目的語にとる。

4 (1)「彼は泳ぎが得意です。」

(2)「放課後，サッカーをするのはどうですか。」

(3)「私は午前中に走るのが好きです。」

(4)「私はその歌を聞いて楽しみました。」

5 (1)「～することを終える」＝finish ～ing

(2)「～すること」が文の主語になるときは，〈to ＋動詞の原形〉と動名詞の両方が使える。「難しい」＝difficult

🏛 誤りに気をつけよう

▶ **finish ～ing**

Did you finish read the book?
　　　　　　　　　↘ **reading**

finish という動詞は，目的語に動詞がくる場合は **ing 形(動名詞)** にしなければなりませんから，finish reading とします。目的語に名詞がくる場合は問題ないので，Did you finish the book? も正しい文です。

Step 3 解答　　　　　　　　　p.44 ～ p.45

1 (1) to, catch　(2) reading　(3) to, do
　　(4) to, travel　(5) saying

2 (1) skating　(2) about, going　(3) without
　　(4) playing

3 (1) ①彼女は英語を勉強しています。
　　②彼女は英語を勉強するのが好きです。
　　(2) ①トムはエミと話すのをやめました。
　　②トムはエミと話すために立ち止まりました。

4 (解答例)(1) (My dream) is becoming〔to become, to be〕a doctor.
　　(2) (I) want to help a lot of sick people.

---

5 (1) ①オ　②イ　③ウ　④エ　⑤ア
　　(2) 日本語訳の下線部参照。

解説 **1** (1) 不定詞の副詞的用法(目的)，(2) finish ～ing，(3) 不定詞の形容詞的用法，(4) 不定詞の名詞的用法，(5) without ～ing

2 (1) like は目的語に不定詞と動名詞の両方をとる動詞。「彼は冬にスケートをするのが好きです。」

(2) Shall we ～? ＝ How about ～ing?「映画に行くのはどうですか。」

(3)「彼は部屋から出て行きました。彼はさようならを言いませんでした。」＝「彼はさようならも言わないで部屋から出て行きました。」

(4)「父と私はこの前の日曜日にテニスをしました。私たちは楽しい時を過ごしました。」＝「父と私はこの前の日曜日，テニスをして楽しみました。」

3 (1) ①「～している」現在進行形，②「～すること」動名詞　(2) ① stop ～ing「～するのをやめる」，② stop to ～「～するために立ち止まる」

4 (1) 動名詞 becoming または不定詞 to become〔to be〕「～になること」を使って表す。

(2) want to ～「～したい」を使って表す。

5 (1) 前後の文脈に注意しながら，最も適切な選択肢を選ぶ。すぐあとの文を見て，話の流れがつながるように，空欄(くうらん)に入る文を推測するとよい。(2) want to ～「～したい」，but「しかし」

《日本語訳》

ケンタ：ビル，きみは何になりたいの？

ビル　：わからない。きみは何か考えがある？

ケンタ：そうだね，きみは海が大好きだよね。

ビル　：そのとおりだよ。

ケンタ：船乗りになるのはどうだい？

ビル　：船乗り？　それはいい考えだ。きみのほうはどうだい？

ケンタ：そうだね，ぼくは空が好きだからパイロットになりたいんだ。

ビル　：ケンタ，ぼくたちはたくさんの国を訪れることができるぞ！　でも…。

ケンタ：でも，何だい？

ビル　：ぼくは泳げないんだ。

ケンタ：そんなことは心配いらないよ。

ビル　：どうして？

ケンタ：ぼくはパイロットになりたいけれど(空は)飛べないよ。

誤りに気をつけよう

▶不定詞と動名詞

① He likes **to skate** in winter.

② He likes **skating** in winter.

　２つの文はほぼ同じ意味を表しますが，厳密にいうとちがいがあります。①の文は He wants to skate in winter. に近く，「彼は冬にはスケートがしたい」というニュアンスです。それに対して②の文は習慣的なことを表し，「彼は冬になるとスケートを楽しんでいる」といったニュアンスです。

会話表現 ①

解答	p.46～p.47

1 (1) イ　(2) ウ　(3) エ　(4) ア

2 (1) May〔Can〕, have　(2) have, wrong

　　(3) How, get　(4) Turn, at

3 (1) ここから東京まで約１時間かかります。

　　(2) まっすぐ行って，２つ目の角で右に曲がってください。

　　(3) もしもし，ジョンをお願いします。／すみませんが，彼は今，外出しています。

4 (1) Shall〔May, Can〕I take a message?

　　(2) Take〔Get on〕the bus for Tokyo.

5 (1) ① How, get, to ③ How, long, it, take

　　(2) Which line should I take from there

解説　電話でのやりとりや道案内でよく使う表現を覚えておこう。

1 (1) A「もしもし。こちらはトムです。ルーシーをお願いします。」B「私です。」

(2) A「すみません。駅へはどうやって行けばいいですか。」B「この通りを行って，１つ目の角で右に曲がってください。左側にありますよ。」

(3) A「もしもし。ユキと話せますか。」B「どちらさまですか。」A「ああ，すみません。こちらはケンです。」

(4) take は「（乗り物に）乗る」の意味がある。エの take は「人を～へ連れていく」の意味。

　A「東京へ行くには，どの電車に乗ればいいですか。」B「５番線の電車に乗ってください。」

2 (1)「どちらさまですか」は，「あなたの名前をうか

がってもいいですか」と考える。相手に許可を求めるときは，May〔Can〕I ～? でたずねる。(2) wrong は「誤った」という意味の形容詞。(3) get to ～ は「～に到着する」という意味。道をたずねるとき，ふつう go to ～ は使わない。

4 (1) 相手に提案を申し出るときは，Shall I ～? を使う。また，「伝言をうかがってもいいですか」と考えて，May〔Can〕I ～? とたずねてもよい。(2)「（乗り物に）乗る」は take または get on ～ で表す。

5《日本語訳》

メグ：すみません。渋谷へはどうやって行けばいいですか。

男性：この地図を見てください。私たちは今ここにいます。ここから新宿まで中央線に乗って，そこで乗りかえてください。

メグ：わかりました。そこから何線に乗ればいいですか。

男性：山手線に乗って，渋谷駅で降りてください。

メグ：新宿から３つ目の駅ですね？

男性：そのとおりです。

メグ：時間はどれくらいかかりますか。

男性：30 分くらいです。

メグ：なるほど。ありがとうございました。

男性：どういたしまして。

誤りに気をつけよう

▶時間がかかる

　It ~~is~~ about an hour from here to Tokyo.
　　　takes

「ここから東京まで約１時間かかります。」という意味の文にしたいようですが，少しちがいます。「（時間が）かかる」という意味を表現できていないからです。「（時間が）かかる」は，一般動詞の take を使って表します。また，時間に関する話をするときの主語は it を使うので，It takes ～. とするのが正しい英文になります。

10　たくさんの友達がいる

Step 1　解答	p.48～p.49

1 (1) dictionaries　(2) women　(3) children

2 (1) baseball　(2) water

3 (1) He　(2) She　(3) he

4 (1) We　(2) them　(3) you

解説 **1** (1) y を i にかえて es をつける。(2) woman の複数形は women。(3) child の複数形は children。

2 (1) baseball, (2) water は, いずれも数えられない名詞なので, 複数形の s はつかない。

3 単数の人を主格の代名詞にかえる問題。(1)(3) 男性が単数の場合には, he「彼は」を使う。(2) 女性が単数の場合には, she「彼女は」を使う。

4 複数の人を代名詞にかえる問題。「私」や「あなた」が混じっていないか, 注意が必要。「私」を含んでいれば we「私たちは」,「あなた」を含んでいれば you「あなたたちは」で表す。(1)(3) は主格の代名詞, (2) は「～を」「～に」を表す目的格の代名詞。

╭──── 🚨 誤りに気をつけよう ────╮

▶ **I や you を含むときの人称代名詞**

<u>Yuko and I</u> will go shopping this afternoon.

= ~~They~~ will go shopping this afternoon.
　　We

Yuko and I を代名詞 1 つで言いかえるとき, They にはなりません。They は「彼ら〔彼女ら〕は」という意味の 3 人称(I や you 以外)です。I を含むときは We「私たちは」で, you を含むときは You「あなたたちは」で表します。

╰────────────────────────────╯

Step 2　解答	p.50 ～ p.51

1 (1) winter　(2) classes　(3) money

　　(4) libraries　(5) tea　(6) Japanese　(7) rain

　　(8) leaves

2 (1) ○　(2) ○　(3) ○　(4) ×　(5) ○　(6) ○

　　(7) ○　(8) ×　(9) ×

3 (1) my, those, yours　(2) movie(s)

　　(3) children　(4) people〔members〕

　　(5) Americans

4 (1) I had a lot of homework

　　(2) had two cups of coffee

　　(3) We had a lot of rain last

　　(4) Was there much milk in

5 (1) コーヒーをもう 1 杯いただいてもいいですか。

　　(2) メアリーは自分で〔ひとりで〕このケーキを

作りましたか。

6 (1) It　(2) one　(3) it　(4) each, other

解説 **1** (1) winter, (3) money, (5) tea, (7) rain は数えられない名詞なので, そのままの形で使う。(6) Japanese は単複同形。(8) leaf のように f で終わる単語を複数形にする場合には f を v にかえて es をつける。

(1)「私は冬がとても好きです。」

(2)「私たちは今日の午後に 2 つ授業があります。」

(3)「私は今日お金をいくらか送ります。」

(4)「私たちの町には 3 つの図書館があります。」

(5)「私はお茶をいれました。」

(6)「2 人の日本人がこのホテルにいます。」

(7)「6 月にはたくさん雨が降ります。」

(8)「道には葉がたくさん落ちていました。」

3 (1)「あなたの(もの)」は your books を一語で表す所有代名詞 yours を使う。 (4) people は複数扱いをする単語で, peoples とはしない。(5) Japanese「日本人」は単複同形だが, American「アメリカ人」の複数形には s がつく。

4 homework, coffee, rain, milk はすべて数えられない名詞。(2) a cup of coffee「コーヒー 1 杯」, two cups of coffee「コーヒー 2 杯」のように, 液体は入れる容器の数で表す。

5 (2) by oneself「自分自身で」

6 (1) 天候を表すときの主語は it を使う。

(2) one は, 不特定の「同じ種類のもの」を表すときに使う。今持っている古いコンピュータと, 買いたい新しいコンピュータは全くの同一物ではないので, ここでは it ではなく one が適切。

(3) it はすでに話題にのぼった「特定のもの」を表すときに使う。紛失したペンと見つけたペンは全く同一物なので, it が適切。

(4)「おたがい」＝each other

╭──── 🚨 誤りに気をつけよう ────╮

▶ **people は複数扱い**

How many ~~peoples~~ are there in the family?
　　　　　people

people という単語は s をつけないで「人々」という意味を表すので,「複数」として扱います。なお peoples と s をつけると「国民, 民族」というちがった意味を表します。

╰────────────────────────────╯

11 上手なテニスの選手です

1 (1) beautiful　(2) difficult　(3) many
　　(4) much　(5) hot

2 (1) well　(2) fast　(3) usually　(4) always
　　(5) early

3 (1) good　(2) much　(3) tall, boy

解説　**1**　形容詞は，あとの名詞を修飾する働きを
する。(4) rain は数えられない名詞なので，「たくさ
ん」は many ではなく much を使って表す。

2　副詞は主に動詞を修飾する働きをする。

3　(2) a lot of ～「たくさんの～」 milk は数えられ
ない名詞なので，many ではなく much を使う。

(1)「私はとても上手にテニスをします。」
　＝「私はとても上手なテニスの選手です。」

(2)「びんにミルクがたくさんありますか。」

(3)「あの少年は背が高いです。」
　＝「あれは背が高い少年です。」

🚨 誤りに気をつけよう

▶頻度を表す副詞の位置

Mary ~~plays usually~~ tennis with Ken.
　　　　usually plays

「メアリーはたいていケンとテニスをします。」
と言うとき，頻度を表す副詞の位置に注意しま
しょう。ふつう**一般動詞の前**，**be 動詞のあと**に
置かれます。また，usually が前にきても主語
Mary は 3 人称単数なので，動詞 play には s が
つきます。

---

1 (1) a few　(2) Many　(3) snow　(4) wine
　　(5) few

2 (1) few　(2) little　(3) a, few　(4) a, few
　　(5) sometimes, early

3 (1) ① 浜辺には 2，3 人の女の子がいます。
　　② 浜辺にはほとんど女の子がいません。
　　(2) ① 私はそのとき，お金を少し持っていま
した。
　　② 私はそのとき，お金をほとんど持っていま
せんでした。

4 (1) no　(2) well　(3) an, interesting, movie
　　(4) much, homework　(5) have, much

5 (1) We usually play tennis on Sunday.
　　(2) Do you have anything interesting to
read?
　　(3) I have a few American friends.
　　(4) We have a little snow here in
　　(5) Few people can answer the question.

解説　**1**　数えられる名詞と数えられない名詞に注
意。(2) people は数えられる名詞。(4) wine は数え
られない名詞。

(1)「マイクは数週間北海道に滞在しました。」

(2)「多くの人がこの歌を好きです。」

(3)「今年の冬は，ほとんど雪が降りませんでした。」

(4)「ワインを数杯飲みましたか。」

(5)「あなたのレポートにはほとんどまちがいはありま
せん。」

2　(1)～(4) あとにくる名詞が数えられる名詞か，数
えられない名詞かに注目。

3　(1) ① a few「少しの」，② few「ほとんど～ない」，
(2) ① a little「少しの」，② little「ほとんど～ない」

4　(1) not ～ any ＝ no，(5) a lot は「たくさん」とい
う意味の副詞。

(1)「私はお金が全くありません。」

(2)「彼女は上手なピアニストです。」＝「彼女は上手にピ
アノをひきます。」

(3)「この映画はおもしろい。」＝「これはおもしろい映画
です。」

(4)「私は今日，たくさんの宿題があります。」

(5)「6 月にはたくさん雨が降りますか。」

🚨 誤りに気をつけよう

▶ワインの量

Did you drink a few glasses of ~~wines~~?
　　　　　　　　　　　　　wine

a few が修飾しているのは glasses だけです。
wine は**物質を表す数えられない名詞**ですから，
複数形にはできません。したがって，「何杯かの
ワイン」は a few glasses of wine となります。
glasses を使わずに「少しワインを飲みました
か」という意味を表すには，Did you drink **a
little** wine? とします。a few のあとには数えら

れる名詞の複数形が続くので，a few wine とは
言えないからです。

| Step 3 | 解答 | p.56 ～ p.57 |

1 (1) a few　(2) much　(3) few　(4) she
　(5) often　(6) them　(7) slowly　(8) his
　(9) his　(10) some

2 (1) much　(2) a, little　(3) few　(4) little

3 (1) There is a little tea in the cup.
　(2) I had a lot of free time.
　(3) Few people go for a walk in the rain.
　(4) Few students were late for school this
　morning.

4 (1) He went to bed early yesterday.
　(2) Many〔A lot of〕students have their
　(own) dream(s).
　(3) Few people visit this town.

5 (解答例)(1) I usually play video games (in
　my free time.
　(2) I clean it〔my room〕every day〔once a
　week〕.

6 ①②日本語訳の下線部①②参照。

解説　**1**　(1) (2) (3) (10) は，あとの名詞が数えられる
名詞か数えられない名詞かに注意。(5) 頻度をたずね
るときは，How often ～? を用いる。(6) 前置詞のあ
とにくる代名詞は，目的格。
(1)「私は少しまちがえました。」
(2)「やかんの中には水がたくさんありますか。」
(3)「私のかばんの中には本がほとんどありません。」
(4)「彼女は高校生ですか。」
(5)「彼は1週間にどのくらい図書館へ行きますか。」
(6)「私はたいてい彼らといっしょにテニスをします。」
(7)「彼はいつもゆっくりと話します。」
(8)「あれは彼の車ですか。」
(9)「これはあなたのラケットです。彼のものはどこに
　ありますか。」
(10)「市役所の前に数人の人がいました。」
2　(1)「冬にはたくさん雪が降りますか。」
(2)「水が少しあります。」
(3)「公園に人はほとんどいませんでした。」
(4)「私にはお金はほとんどありませんでした。」

3　(2)「たくさんのひま時間を持っていた」と考え
る。(3) (4) few「ほとんど～ない」
4　(2)「自分の夢」＝「彼らの夢」。(3) few people を
主語にして，肯定文の形で表す。
5　(1) usually などの頻度を表す副詞は，一般動詞の
前，be 動詞のあとに置く。(2)　回数は once「1回」，
twice「2回」，three times「3回」などで表す。
「～につき」という意味の a を使って，once a week
「週に1回」のように表す。
6　① a lot of ～「たくさんの～」，〈were ＋～ing〉の
形なので過去進行形の文。
《日本語訳》
　昨年の夏，私は友人たちといっしょに，ある島を
訪れました。子どもたちのためのサマースクールが
あったのです。
　ある日，私たちは先生といっしょに海へ出かけて
サンゴを見ました。①たくさんの色あざやかな魚が，
そのまわりを泳いでいました。先生が「サンゴはき
れいな海でしか生きられないのだよ。きれいな水は
彼らにとって大切な環境なんだ」と言いました。
　次の日，私たちは船で出かけてイルカを観察し，
彼らといっしょに海の中を泳ぎました。「見てごら
ん。イルカだよ」と突然先生は言って，海の中に入
りました。先生はイルカみたいにとても速く泳ぎま
した。私たちもイルカといっしょに泳ぎました。
　サマースクールで，私はとても大切なことを学び
ました。それは②多くの生き物たちには彼ら自身に
とってよい環境が必要であり，彼らはともに生きて
いる，ということです。私たちは環境のことを考え
なければなりません。

┌──── 🔔 誤りに気をつけよう ────┐

▶ **few ＋複数名詞**
「私のかばんの中には本がほとんどありません。」
I have few book in my bag.
　　　　　　　↘ **books**
few ～は「～がほとんどない」の意味を表し，
few のあとには**複数名詞**を使います。

└──────────────────────┘

12　日本人ですね

| Step 1 | 解答 | p.58 ～ p.59 |

1 (1) isn't　(2) don't　(3) can't　(4) didn't
　(5) do　(6) won't

2 (1) Be　(2) Get　(3) Do　(4) Don't
　　(5) Don't be　(6) Listen

3 (1) How　(2) What　(3) How　(4) What
　　(5) How　(6) What

4 (1) What, good　(2) How, tall
　　(3) What, a, big

解説　**1**　付加疑問文は，前の文が肯定文のときは否定の形，前の文が否定文のときは肯定の形になる。

(1) 「彼はとても背が高いですね。」
(2) 「あなたはハンバーガーが好きですね。」
(3) 「彼女は中国語を話すことができますね。」
(4) 「彼らはつりに行きましたね。」
(5) 「あなたは彼女のことを知りませんね。」
(6) 「あなたは図書館へ行くのでしょうね。」

2　命令文は，主語を省略して動詞の原形で文を始める。(1) kind，(5) noisy のような形容詞を使った文では，be 動詞の原形 be で文を始めることに注意。

(1) 「兄弟に親切にしなさい。」
(2) 「早く起きなさい。」
(3) 「すぐに宿題をしなさい。」
(4) 「まちがいをしてはいけません。」
(5) 「騒がしくしてはいけません。」
(6) 「私の言うことを聞きなさい。」

3　感嘆文には，〈What ＋(a〔an〕＋) 形容詞＋名詞 ～!〉と〈How ＋形容詞〔副詞〕～!〉の２つの形がある。What と How は「名詞」の有無で使いわける。

(1) 「彼はなんて速く走るのでしょう。」
(2) 「なんてかわいい花なのでしょう。」
(3) 「あなたはなんて一生懸命勉強するのでしょう。」
(4) 「あなたはなんてよいカメラを持っているのでしょう。」
(5) 「この辞書はなんて役に立つのでしょう。」
(6) 「なんて美しい鳥たちなのでしょう。」

4　very をつけて強調された部分が〈**形容詞＋名詞**〉であれば **What** で始め，**形容詞または副詞のみであれば How** を使う。

(1) 「あなたはとても**いい考え**（形容詞＋名詞）を持っている。」→ What「あなたはなんていい考えを持っているのでしょう。」
(2) 「マイクはとても**背が高い**（形容詞のみ）。」→ How「マイクはなんて背が高いのでしょう。」
(3) 「あれはとても**大きな建物**（形容詞＋名詞）です。」

🚨 誤りに気をつけよう

▶付加疑問文の作り方

　前の文が肯定文→付加疑問は否定の形，前の文が否定文→付加疑問は肯定の形ですが，それ以外にも注意が必要です。

①付加疑問の主語は**代名詞**を使う。

<u>Mike</u> is strong, **isn't he?**
<u>Mary and Nancy</u> are from America, **aren't they?**

②前の文が be 動詞の文→付加疑問にも同じ **be** 動詞を使う。

Mike <u>is</u> American, **isn't** he?
Tom and Mary <u>aren't</u> busy, **are** they?

③前の文が一般動詞の文→付加疑問の do, does, did の選択をまちがえないように注意。

Mike <u>went</u> to England, **didn't** he?
Mary <u>likes</u> music, **doesn't** she?
Tom and Ken <u>like</u> tennis, **don't** they?

Step 2　解答　　　　　　p.60 〜 p.61

1 (1) don't　(2) isn't　(3) does　(4) Be
　　(5) Don't　(6) What　(7) How　(8) What

2 (1) Listen　(2) Don't, be　(3) How, hard
　　(4) What, a, pretty

3 (1) didn't, he　(2) Don't, be　(3) How

4 (1) are twelve years old, aren't you
　　(2) Open the door at once.
　　(3) What a kind girl she is!

5 (1) You don't have many books, do you?
　　(2) Kyoko came here yesterday, didn't she?
　　(3) Don't look into his room.
　　(4) How cute your dog is!
　　(5) What a good singer Mary is!

6 (1) ジョンは中学生ではありませんね。
　　(2) あの山はなんて美しいのでしょう。

解説　**1**　(1) 「あなたには友達がたくさんいますね。」
(2) 「彼は高校生ですね。」
(3) 「彼女は野球が好きではありませんね。」

(4)「トム，いい子にしなさい。」

(5)「犬をおそれてはいけません。」

(6)「彼女はなんて上手なピアニストなのでしょう。」

(7)「彼はなんて上手に英語を話すのでしょう。」

(8)「あなたはなんて美しい庭を持っているのでしょう。」

2 (2) must not ～ ＝ Don't ～「～してはいけない」

(3) (4) very を What〔How〕に置きかえて感嘆文を作ることができる。

(1)「ジャック，先生の言われることを聞きなさい。」

(2)「不注意はいけません。」

(3)「彼のお父さんはなんて一生懸命働くのでしょう。」

(4)「彼女はなんてかわいいドレスを持っているのでしょう。」

5 (1)「あなたはあまりたくさん本を持っていませんね。」

(2)「キョウコは昨日ここに来ましたね。」

(3)「彼の部屋をのぞき込んではいけません。」

(4)「あなたの犬はなんてかわいいのでしょう。」

(5)「メアリーはなんて上手な歌手なのでしょう。」

6 (1) 付加疑問文の訳し方に注意。〈否定文＋肯定の形？〉＝「～ではありませんね。」

🏛 誤りに気をつけよう

▶感嘆文の What と How

ほぼ同じ内容の事がらを，What と How のどちらを使っても表すことができる場合があります。

What a wide river this is !

「これはなんて広い川なのでしょう。」

How wide this river is !

「この川はなんて広いのでしょう。」

Step 3　解答　　　　　　　p.62 ～ p.63

1 (1) How　(2) What　(3) How　(4) How

(5) What　(6) How　(7) What　(8) What

2 (1) aren't, you　(2) Be　(3) What, a

(4) How, early　(5) Don't, throw

3 (1) very, wide　(2) must, take

(3) How, wonderful　(4) will, you

4 (1) He has many〔a lot of〕brothers and

sisters, doesn't he?

(2) Don't touch the machine.〔You mustn't〔must not〕touch the machine.〕

(3) What a beautiful dress she has !

(4) He isn't〔is not〕young, is he?

(5) Be kind to old people.

(6) This question is difficult, isn't it?

(7) How fast the English teacher speaks !

5 (1) (左から順に) AMRHC

(2) March〔MARCH〕

解説　**1** (1)「あなたはなんて親切なのでしょう。」

(2)「なんて美しい花でしょう。」

(3)「なんて暑いのでしょう。」

(4)「その馬はなんて速く走るのでしょう。」

(5)「なんて賢い少年なのでしょう。」

(6)「この質問はなんて難しいのでしょう。」

(7)「なんて短い映画なのでしょう。」

(8)「なんてすばらしい歌なのでしょう。」

3 (2) 命令文は，You must を使って言いかえることができる。(4) Please を使った命令文は，付加疑問文で言いかえることができ，命令文のあとに will〔won't〕you? を続ける。

(1)「これはなんて広い川なのでしょう。」＝「これはとても広い川です。」

(2)「赤ちゃんの世話をしなさい。」＝「あなたは赤ちゃんの世話をしなければなりません。」

(3)「とてもすばらしい夕焼けでした。」＝「その夕焼けはなんてすばらしかったのでしょう。」

(4)「手を洗ってください。」＝「手を洗ってくださいね。」

5 (1) next to ～「～のとなりに」，between A and B「A と B の間に」という意味。

《日本語訳》

　テーブルの左端（ひだりはし）にカード A があります。あなたは手に 4 枚の異なるカードを持っています。あなたはこれらのカードをすべてテーブルの上に置いていきます。まず最初に，カード C をテーブルの右端に置きなさい。2 番目に，カード M をカード A の隣に置きなさい。3 番目に，カード H をカード C の隣に置きなさい。4 番目に，カード R をカード M とカード H の間（とな）に置きなさい。

　では，これら 5 枚のカードすべてを使って英単語を 1 つ作りなさい。その語は 1 年の 12 の月の 1 つです。それは March（3 月）です。

🔔 **誤りに気をつけよう**

▶ **感嘆文の What と How**

~~What~~ wonderful the sunset was !
   ↳ **How**

「その夕焼けはなんてすばらしかったのでしょう。」を表すには，What ではなく How を使います。What を使うときは，
What a wonderful sunset it was ! とします。

13 いい先生だと思う

Step 1	解答	p.64 ～ p.65

1 (1) and　(2) but　(3) or　(4) that

2 (1) think, that　(2) hope, that
　　(3) know, that　(4) that, he, is

3 (1) and　すぐに出発しなさい，そうすれば電車に間に合うでしょう。
　　(2) or　急ぎなさい，さもないとバスに乗り遅れるでしょう。
　　(3) and　彼に頼みなさい，そうすればあなたを助けてくれるでしょう。

4 (1) or　(2) and　(3) and

解説 **1** (1)「A そして B」は，A and B を使う。
(2)「～だが，しかし」は，but を使う。(3)「A か B」とどちらか 1 つを選ぶときは，or を使う。(4) 空所のあとに〈主語＋動詞～〉が続いていることに注目し，「～ということ」を表す that を入れる。
2 「～ということ」は，that を使って表す。
3 〈命令文 , and ～.〉＝「…しなさい，そうすれば～」，〈命令文 , or ～.〉＝「…しなさい，さもないと～」の意味。あとに続く文の意味によって and と or を使いわける。

🔔 **誤りに気をつけよう**

▶ **日本語の表現に注意**

Who will win, Mike ~~and~~ John?
     ↳ **or**

これは「マイクとジョンのどちらが勝つだろうか。」という日本語にまどわされた誤りです。英語では，「どちらが勝つだろうか。マイクだろうか。**それとも**ジョンだろうか。」という言い方になっていることに注意しましょう。

Step 2	解答	p.66 ～ p.67

1 (1) and　(2) but　(3) or　(4) or　(5) but
　　(6) that　(7) that　(8) that

2 (1) and, brothers　(2) but, answer
　　(3) or, must　(4) won't, be　(5) think, is

3 (1) or　(2) hope, that　(3) Both, and
　　(4) that, will, wash

4 (1) Is this dictionary yours or your father's?
　　(2) He was poor, but he was happy.
　　(3) Hurry up, and you will be in time.
　　(4) I think that she will come back by ten.
　　(5) Do you think that it will be rainy

5 (1) I play golf, but I can't play it well.
　　(2) I think that this bike is mine.
　　(3) (Both) Ken and Mary lived in Tokyo.

解説 **1** (1)「私は昨年，京都と奈良を訪れました。」
(2)「彼はテニスが好きですが，上手な選手ではありません。」
(3)「静かにしなさい，さもないと赤ちゃんが目を覚まします。」
(4)「この鉛筆はあなたのものですか，それとも彼のものですか。」
(5)「彼女はとても一生懸命働きましたが，失敗しました。」
(6)「私は彼が無事であればよいと思います。」
(7)「私たちは彼がうそをついたと思います。」
(8)「私の母は，花が好きだと言います。」
2 (4) I hope (that) ～「～であればよいと思う」
(5) Do you think (that) ～? と疑問文になっても，that のあとは〈主語＋動詞〉の語順のままである。
3 (1)「あの本はあなたのものですか。それは彼のものですか。」＝「あの本はあなたのものですか，それとも彼のものですか。」
(2)「私は歌手になるつもりです。私の両親はそう望んでいません。」＝「私の両親は私が歌手になることを望んでいません。」
(3) both A and B「A と B の両方」「エミは英語を話すことができます。タカシも英語を話すことができます。」＝「エミとタカシは 2 人とも英語を話すことができます。」
(4)「彼女は明日あなたの車を洗うでしょう。あなたは

そう願っていますか。」＝「あなたは彼女が明日あなたの車を洗ってくれるとよいと思っていますか。」

5 (1)「私はゴルフをしますが，上手にはできません。」

(2)「この自転車は私のものだと思います。」

(3)「ケンとメアリーは(2人とも)東京に住んでいました。」

🔔 誤りに気をつけよう

▶ **rain と rainy の使いわけ**

rain は「雨」という名詞と「雨が降る」という動詞があります。rainy は「雨降りの」という形容詞で「雨が降る」と言うときは必ず be 動詞といっしょに使います。以下の文はどれも「明日雨が降るでしょう。」という意味です。

① We will have **rain** tomorrow. 〔名詞〕
　There will be **rain** tomorrow. 〔名詞〕

② It will **rain** tomorrow. 〔動詞〕

③ It will be **rainy** tomorrow. 〔形容詞〕

---

14 子どものころは

Step 1　解答　　　　　　　　p.68 ～ p.69

1 (1) When　(2) because　(3) when　(4) If
(5) after

2 (1) because　(2) if　(3) when　(4) When
(5) If

3 (1) If you're hungry, you can eat
(2) You can't go there alone because you're very
(3) His family was very rich when he was
(4) will make dinner before my mother comes home

解説 **1** (1)「あなたから電話があったとき，私は寝ていました。」

(2)「朝食を食べなかったので，私はおなかがすいています。」

(3)「私は学生のころ，数学が好きでした。」

(4)「もし急いだら，そのバスに間に合いますよ。」

(5)「昼食を食べたあと，いっしょにつりに行きましょう。」

2 (1)「～なので」は because，(2) (5)「もし～なら」は if，(3) (4)「～のとき」は when を使う。

🔔 誤りに気をつけよう

▶ **接続詞の位置**

「その通りを渡るとき，注意しなければいけません。」を英訳する場合，次の2つが可能です。

① **When** you cross the street, you must be careful.

② You must be careful **when** you cross the street.

これを簡単に表すと，「**A のとき B**」は

When ⬜A⬜, ⬜B⬜. と ⬜B⬜ when ⬜A⬜.

のどちらでも言えますが，**when** をどこに置くかによって A と B の位置が変わることに注意しなければいけません。

Step 2　解答　　　　　　　　p.70 ～ p.71

1 (1) before　(2) because　(3) As, soon, as

2 (1) when, was　(2) after, reads　(3) If, you
(4) as, soon　(5) If, don't

3 (1) because　(2) When　(3) If　(4) comes
(5) help

4 (1) you get up in the morning, wash your face
(2) at home if it is rainy tomorrow
(3) sad if you don't come to the party
(4) finish my homework because you helped me

5 (1) Let's start when he comes back.
〔When he comes back, let's start.〕
(2) I'll go fishing if it is fine tomorrow.
〔If it is fine tomorrow, I'll go fishing.〕
(3) あなたがその本を読み終わったら，私に貸してください。

6 (1) I went to bed early because I was tired.
〔Because I was tired, I went to bed early.〕
(2) If you turn (to the) right, you will see the post office. 〔You will see the post office if you turn (to the) right.〕

解説 **1** (1) before は「時」を表す接続詞なので，〈before ＋主語＋動詞～〉では，未来のことであっても現在形で表す。

(3)「～するとすぐに」＝ as soon as ～

2 (3)(5)〈命令文，and〔or〕～.〉の文は if を使った文で言いかえることができる。

(1)「私はロンドンに住んでいました。私はそのとき子どもでした。」＝「私は子どものとき，ロンドンに住んでいました。」

(2)「私の父は朝食を食べる前に，新聞を読みます。」＝「私の父は新聞を読んだあと，朝食を食べます。」

(3)「一生懸命勉強しなさい，そうすればあなたは試験に合格するでしょう。」＝「もしあなたが一生懸命勉強したら，試験に合格するでしょう。」

(4)「彼女は家に帰りました。彼女はすぐに寝ました。」＝「彼女は家に帰るとすぐに寝ました。」

(5)「急ぎなさい，そうしないと遅れますよ。」＝「もし急がなければ，あなたは遅れますよ。」

3 接続詞の意味のちがいに注意して使いわける。

(1)「私は最終電車に乗らなければならなかったので，タクシーに乗りました。」

(2)「私が本を読んでいたとき，彼が私を訪ねてきました。」

(3)「もし眠いのなら，寝てもいいですよ。」

(4)「お父さんが帰ってくる前に宿題を終えなさい。」

(5)「もしあなたが私たちを手伝ってくれたら，みんなが喜ぶでしょう。」

4 (1)～(3) 時や条件を表す文の中では，未来のことも現在形を使う。

5 (1)「彼が戻ってきたら出発しましょう。」

(2) 時や条件を表す文の中では，未来のことも現在形で表すので，will be は is とする。「明日晴れたら，つりに行くつもりです。」

▶未来のことを現在形で表す場合

「彼が帰ってきたら出発しましょう。」

Let's start when he ~~will come~~ back.
comes

この文では彼はまだ帰っておらず，彼が帰ってくるのは**未来**のことです。しかし，「時」を表す when ～ の中では「**未来のことであっても現在形で表す**」というきまりがあります。したがって when he comes back とします。

ほかにも「時」を表す before, after や，「条件」を表す if についても同じようにします。

Step 3 解答 p.72～p.73

1 (1) think, that　(2) If, you, catch
(3) before, you　(4) because

2 (1) ウ　(2) イ　(3) カ　(4) オ　(5) エ

3 (1) I hope (that) it will be fine next Sunday.
(2) I eat〔have〕breakfast after I take a walk.
〔After I take a walk, I eat〔have〕breakfast.〕

4 (1) ①ア　②ウ　③イ　④エ　⑤カ　(2) ア

解説 **2** (1)「コウジは病気で寝ていたので，外出できませんでした。」

(2)「私の兄〔弟〕は宿題を終えたあとでテレビを見ました。」

(3)「もし一生懸命に勉強すれば，彼は英語がうまく話せるようになるでしょう。」

(4)「急ぎなさい，そうすれば授業に間に合うでしょう。」

(5)「彼は寝る前に歯をみがきます。」

4 (1) 前後の文の意味がとおるように，適切な接続詞を選ぶ。

(2)「聖子はこの手紙で何を言っているのですか。」という問い。

ア「スミス夫妻に自分と自分の家族について話している。」

イ「アメリカにいる両親に自分の学校生活について話している。」

ウ「スミス夫妻からもらった手紙に対するお礼を言っている。」

エ「両親にスミス夫妻のことを話している。」

《日本語訳》

2020年7月10日

スミスさんご夫妻へ

　私はとてもうれしく思っています。私は来月ご夫妻のところに滞在することになっています。昨日，先生がこのニュースを私に知らせてくれました。それで私は今，あなた方に手紙を書いています。

　私は私自身と家族のことについて書きます。私の名前は山田聖子で15歳の女子高生です。趣味はテニスをすること，ピアノをひくこと，そしてお料理です。ポピュラーミュージックも楽しんでいます。私は英語が好きです。だから，アメリカで英語を一生懸命勉強するつもりです。いつか大学で英語を教

えたいと思っています。

　父は医者です。母は仕事を持っていませんが，家で私たちのためにたくさんのことをしなければいけないので，とても忙しくしています。私には兄弟姉妹はいません。両親は私のことをとても愛してくれています。私が日本を離れたら両親はとてもさみしがると思います。

　すぐにそちらに参ります。

山田聖子

🚨 誤りに気をつけよう

▶〈命令文，or ～〉の書きかえ

　〈命令文，or ～〉は「…しなさい，**さもないと～**」という意味です。これを If を使って書きかえるときは注意が必要です。

　Hurry up, or you will be late.

→× If you **hurry up**, you will be late.

「…しなさい，さもないと」を If を使った文にするには，「もし…しなければ」とする必要があります。次のように書きかえるのが正解です。

○ If you **don't hurry up**, you will be late.

「もし急がなければ，あなたは遅れるでしょう。」

15　鳥がさえずる

Step 1　解答　p.74 ～ p.75

1 (1) I, was〔stayed〕　(2) He, sings

　　(3) you, walk

2 (1) 私の父はとても怒っていました。

　　(2) ヒデキは医者になりました。

　　(3) 彼女は悲しそうに見えます。

　　(4) 私はとても幸せに感じました。

3 (1) TV　(2) Kyoto　(3) English and French

　　(4) the room　(5) What

　　(6) to talk (with you)

　　(7) staying (in Japan)

4 (1) ア　(2) ウ　(3) ア　(4) イ　(5) イ　(6) イ

　　(7) ウ　(8) ウ

解説 **2** いずれも SVC の文型で S＝C の関係になっている。be 動詞，become, look, feel は SVC の文型をとる動詞。

3 文中の「～を」と訳す部分が目的語となる。

(1) 「あなたは昨夜テレビを見ましたか。」

(2) 「私は来月京都を訪れます。」

(3) 「カナダでは英語とフランス語を話します。」

(4) 「すぐに部屋を掃除しなさい。」

(5) 「あなたは昨日何をしましたか。」

(6) 「ジェーンがあなたと話したがっています。」

(7) 「あなたたちは日本での滞在を楽しみましたか。」

4 (1)(3) 主語と動詞だけでも文が成立するのが SV の文型。(4)(5)(6) S＝C となるものが SVC の文型。(2)(7)(8)「～を」と訳す語(句)がある文が SVO の文型。

(1) 「私はふだん公園を散歩します。」

(2) 「私の父はゴルフがとても好きです。」

(3) 「あなたのお母さんはとても一生懸命働きます。」

(4) 「私の車はとても古い。」

(5) 「あなたの考えはよさそうです。」

(6) 「彼は日本人科学者です。」

(7) 「男の子たちは話すのをやめました。」

(8) 「あなたは川で泳ぐのが好きですか。」

🚨 誤りに気をつけよう

▶自動詞と他動詞

　動詞には自動詞と他動詞があります。自動詞は目的語をとらない動詞，他動詞は目的語をとる動詞です。したがって，〈S＋V〉や〈S＋V＋C〉の文型に使われる動詞は自動詞，〈S＋V＋O〉の文型に使われるのは，他動詞です。しかし，同じ動詞でも，自動詞と他動詞のどちらにも使われるものがあります。

① The boys **stopped** talking.

② The boys **stopped** at the door.

　①の文では stopped は目的語に talking をとっており，「(話すことを)やめた」という意味の他動詞です。一方②の文では，stopped は自動詞で，「立ち止まった」という意味です。at the door(ドアのところで)は修飾語です。つまり **stop** という動詞は自動詞と他動詞の両方に使われる動詞なのです。

Step 2　解答　p.76 ～ p.77

1 (1) has　(2) be　(3) sleeping　(4) is

　　(5) doing　(6) to come　(7) is　(8) become

　　(9) wear　(10) make

2 (1) will become a good tennis player

        (2) looked sad when she heard the news

        (3) is a popular singer in Japan

        (4) Did you finish cleaning your room?

        (5) What do you want to be

3 (1) It, rained　(2) is, good　(3) teaches

　(4) runs, fast　(5) has

4 (1) look, but　(2) going, to, play

　(3) How, fly

5 (1) They looked very tired after the game.

　(2) Don't swim in this river. 〔You mustn't
〔must not〕 swim in this river.〕

　(3) We enjoyed skiing last winter.

　(4) I know (that) she is a math teacher.

解説　**1**　(1)「ジェーンには 3 人の姉妹がいます。」

(2)「あなたは社長になれますよ。」

(3)「ケンは今，ベッドで眠っています。」

(4)「テーブルの上に本が 1 冊あります。」

(5)「あなたは宿題をすませましたか。」

(6)「あなたは私といっしょに来たいですか。」

(7)「ジュンコは私の妹〔姉〕です。」

(8)「彼は医者になりましたか。」

(9)「あなたはなんてかわいいドレスを着ているのでしょう。」

(10)「あなたはどのようにしてこのケーキを作ったのですか。」

3　別の文型を使って，同じ内容を言い表すことができます。

(1)「6 月にたくさん雨が降りました。」

(2)「彼はとても上手なテニスの選手です。」

(3)「トムは私たちに英語を教えてくれます。」

(4)「メアリーはとても速く走ります。」

(5)「1 週間は 7 日です。」

5　(1)「疲れているように見える」＝look tired

(3)「スキーをして楽しむ」＝enjoy skiing

🔔 誤りに気をつけよう

▶ **They are going to play soccer in Italy.** の文型

　これは〈S ＋ V〉の文でしょうか，それとも〈S ＋ V ＋ O〉の文でしょうか。正解は〈S ＋ V ＋ O〉です。be going to は助動詞と同じ働きをする語句，in Italy は修飾語句ですから，文の要素

からはずして考えます。すると They play soccer. つまり〈S ＋ V ＋ O〉の文型であるとわかります。

16　彼は私にこの本をくれた

Step 1　解答　　　　　p.78 ～ p.79

1 (1) teaches, us　(2) call, him　(3) tell, me

　(4) give, you　(5) call, me

2 (1) to, me　(2) to, us　(3) to, me

　(4) to, you　(5) for, Miki　(6) for, me

3 (1) ア　(2) ア　(3) イ　(4) ア　(5) ア　(6) イ

　(7) ア　(8) イ

解説　**1**　(1) (3) (4) は SVOO の文型，(2) (5) は SVOC の文型。

2　SVOO を SVO に書きかえる場合，動詞が buy, make などの場合には〈for ＋人〉がつく。それ以外のほとんどの動詞は〈to ＋人〉の形。

(1)「メアリーは私にクッキーをいくらかくれました。」

(2)「オカ先生は私たちに日本語を教えてくれます。」

(3)「おじは昨年，私にクリスマスカードを送ってくれました。」

(4)「あなたにおもしろい話をしてあげましょう。」

(5)「ユカはミキにかわいい人形を作ってあげました。」

(6)「父は私の誕生日のために私に新しい自転車を買ってくれました。」

3　O ＝ C が成り立つ文は SVOC の文型で，「(人)に(物)を～する」の意味になる文は SVOO の文型。

(1)「ホワイト先生は私たちに英語を教えてくれます。」

(2)「マイクは私にすばらしいプレゼントをくれました。」

(3)「その知らせは私をうれしい気持ちにしました。」

(4)「私にあなたのアルバムを見せてください。」

(5)「私に水を持ってきてくれませんか。」

(6)「私のことをジャックと呼んでもいいですよ。」

(7)「あなたに大切なことを話しましょう。」

(8)「英語ではこの花を何と呼びますか。」

🔔 誤りに気をつけよう

▶ **Mr. Oka teaches Japanese to us.** の文型

　上の文は，Mr. Oka teaches us Japanese.〈S ＋ V ＋ O ＋ O〉の直接目的語(Japanese)と間接目的語(us)を入れかえた文です。その際，間接

目的語には to us と前置詞 to が加わっています。こうなると文の要素ではなくなり，修飾語になります。そこで残った部分 Mr. Oka teaches Japanese. から〈S＋V＋O〉の文型となります。

---

1 (1) him　(2) to you　(3) us
(4) for my daughter　(5) the boys　(6) you
(7) us　(8) gives　(9) me　(10) call

2 (1) me, the, way　(2) you, show, me
(3) named, the, dog　(4) bought, me
(5) taught, us, science

3 (1) for, me　(2) taught, us　(3) her, Nancy
(4) do, call

4 (1) My aunt gave me a nice present for
(2) is Tom, but we call him Tommy
(3) will make us a good dinner
(4) My father showed me his favorite pictures.

5 (1) Please show me your bag(s).
〔Please show your bag(s) to me.〕
(2) What did you give (to) him?
(3) My mother bought me a new dress.
〔My mother bought a new dress for me.〕
(4) What do you〔they〕call this animal in French?

解説　**1**　(4) 動詞が make なので，〈to＋人〉ではなく〈for＋人〉の形になる。
(1)「あなたは彼のことをビルと呼びますか。」
(2)「このかばんをあなたにあげましょう。」
(3)「ケンは私たちに年賀状を送ってくれました。」
(4)「彼女はかわいいドレスを私の娘のために作ってくれました。」
(5)「先生は少年たちにおもしろい話をしました。」
(6)「おじさんがあなたにそのテニスのラケットをくれたのですね。」
(7)「彼は私たちに英語を教えてくれました。」
(8)「雌牛（めうし）は私たちにミルクをくれます。」
(9)「父は私にギターを買ってくれるでしょう。」
(10)「あなたはあなたのねこを何と呼んでいますか。」
3　(1) 動詞が buy なので，〈for＋人〉の形になる。

「父は私に辞書を買ってくれました。」
(2)「ヤマダ先生は私たちのフランス語の先生でした。」＝「ヤマダ先生は私たちにフランス語を教えてくれました。」
(3)「彼女の名前はナンシーです。」＝「私たちは彼女をナンシーと呼びます。」
(4)「あの川の名前は何ですか。」＝「あなたたちはあの川を何と呼びますか。」

🔔 誤りに気をつけよう

▶目的語の語順

The teacher told ~~to~~ the boys an interesting story.
　上の文は誤りです。下のどちらかにしなければなりません。
○ The teacher told **the boys** an interesting story.　（SVOO の文型）
○ The teacher told an interesting story **to the boys**.　（SVO の文型）

---

1 (1) me　(2) for us　(3) us　(4) to you
(5) me

2 (1) teaches, us　(2) for, me　(3) to, you
(4) do, call　(5) made, me

3 (1) Yuki bought a birthday present for me.
(2) Is she going to teach English to us?
(3) Miki looked tired yesterday.
(4) The news made them sad.
(5) What do you〔they〕call that flower?

4 (解答例)(1) I ate curry and rice (yesterday).
(2) My family calls me Ken.
(3) My parents bought me a teddy bear (for my birthday).

5 (1) ①キ　②ウ　③エ
(2) Ⓐ same　Ⓑ about　Ⓒ all

解説　**1**　(1)「その紳士（しんし）は私に自分のペンを貸してくれました。」
(2) make は〈S＋V＋O（物）＋for＋（人）〉の形をとる動詞。「母は私たちに大きなケーキを作ってくれました。」
(3)「グリーン先生は私たちに歴史を教えてくれます。」

(4)「だれがあのお金をあなたにくれたのですか。」

(5)「おじは私に新しいかばんを買ってくれるでしょう。」

2 (5)「あなたの笑顔が私を幸せにしました。」と考える。〈make＋人＋形容詞〉で「人を〜にする」の意味。

3 (3)「昨日ミキに会ったとき，ミキは疲れていると思いました。」→「ミキは昨日，疲れているように見えました。」〈look＋形容詞〉で「〜そうに見える」の意味。

(4)「彼らはその知らせを聞いたとき，悲しくなりました。」→「その知らせは彼らを悲しくしました。」〈make＋人＋形容詞〉＝「人を〜にする」で表す。

4 (2)〈call＋人＋呼び名〉の「呼び名」の部分が what にかわって，文頭に出た形。SVOC「〜は私(人)を…(呼び名)と呼ぶ」の形で答える。

(3) buy の過去形 bought を使って，SVOO「〜は私(人)に…(物)を買ってくれた」の形で答える。

5 (1) 前後の文脈がとおるように適切な選択肢を選ぶ。

(2) Ⓐ same「同じ」，Ⓒ after all「結局」

《日本語訳》

浩二：ワールドカップはおもしろいですね。ぼくはサッカーが大好きです。スミス先生は好きですか。

スミス先生：好きですよ，でも，私たちはそれをフットボールと呼んでいます。アメリカの人もイギリスの人も英語を話しますが，同じものを意味するのにちがう言葉を使うことがあります。

浩二：ああ，本当ですか。おもしろいですね。ほかにも例がありますか。

スミス先生：ええ，ありますよ。「ホッケーをしないかい」と言ったら，ロンドンの人は芝生の上でホッケーをするのだと思います。しかし，ニューヨークの人がそれを聞いたら，氷の上でするものだと思います。なぜなら，ホッケーはアメリカではアイスホッケーのことですから。

浩二：それは問題ですね。アメリカの人と話をするとき，言っていることを理解することができますか。

スミス先生：ときどき誤解することもあります。しかし，そんなことを心配する必要はありません。結局，英語は英語ですから。

┌─ 🚨 **誤りに気をつけよう** ─┐

▶ **目的語＋ to または for**

Mother made a big cake <del>to</del> us.
                              ↘ **for**

「母は私たちのために大きなケーキを作ってくれました」という意味の文にする場合，make という動詞は，直接目的語と間接目的語を入れかえるとき，to ではなく for を使います。

会話表現 ❷

解答	p.84 〜 p.85

1 (1) ウ　(2) ア　(3) ①イ　②エ

2 (1) Would, like　(2) like, to

(3) show, another　(4) take〔have, buy〕, it

3 (1) クッキーをご自由に食べてください。

(2) コーヒーはいかがですか。／ はい，お願いします。

(3) それは私には小さすぎます。もっと大きなものはありますか。

4 (1) What would you like (to order)?

(2) May〔Can〕I try this on?

(3) How will you pay?

5 (1) ① May〔Can〕, I, help, you

③ How, much, is, it

(2) Can you show me a bigger one?

解説 買い物や食事などの注文でよく使う表現を覚えておこう。

1 (1) A「ご用件をうかがってもいいですか(＝いらっしゃいませ)。」B「はい，お願いします。私はTシャツを探しているところです。」

(2) A「(ご注文は)何になさいますか。」B「サンドイッチとコーヒーを1杯お願いします。」

(3) A「私はセーターを探しているところです。」B「かしこまりました。このセーターはいかがですか。」A「わあ，すてきですね。試着してもいいですか。」B「もちろん。」

2 (1)「(接客などの)〜はいかがですか」は，Would you like 〜? でたずねる。(2)「水をください」は「水が飲みたいです」と考える。would like to 〜「〜したいです」は，want to 〜 のていねいな表現。(3)「別の」は，another で表す。(4)「それにします。」

は I'll take it.。

3 (1) help oneself to ～「(飲食物を)自由に取る〔食べる〕」

4 (1) What would you like ～?「(ご注文は)何になさいますか。」は，What do you want ～? のていねいな表現。order「注文する」を使って，〈to ＋動詞の原形〉の形をつづけてもよい。(2)「これ〔それ〕を試着する」は try this〔it〕on で表す。(3)「どのように支払うつもりですか」と考える。

5 《日本語訳》

店員：いらっしゃいませ。何をお探しですか。

ボブ：かばんを探しています。母に誕生日プレゼントを買いたいのです。

店員：それはいいですね。このかばんはいかがですか。

ボブ：ああ，この色は好きです。でも小さいですね。もう少し大きいのを見せてくれませんか。

店員：かしこまりました。はい，どうぞ。

ボブ：気に入りました。いくらですか。

店員：25 ドルです。

ボブ：それを買います。30 ドルあります。

店員：おつりでございます。どうもありがとうございました。

🚨 誤りに気をつけよう

▶ **そのまま覚える会話表現**

会話表現のなかには，決まった表現があります。ほかの語で言い表すことはほとんどないので，そのままの形で覚えてしまいましょう。

「おつりです。」

~~This~~ is your change.
　↘ **Here**

「(品物を選んで)それにします。」

I'll ~~get~~ it.
　　↘ **take**

「試着してもいいですか。」

Can I try it ~~in~~?
　　　↘ **on** など

---

17 彼は私より年上だ

Step 1　解答	p.86 ～ p.87

1 (1) easy　(2) big　(3) well　(4) popular
　(5) easier　(6) faster

2 (1) longer　(2) larger　(3) easier　(4) bigger

---

　(5) more difficult　(6) more popular
　(7) more useful　(8) more famous
　(9) better　(10) more

3 (1) younger, than　(2) as, famous
　(3) Which, more, popular
　(4) hotter, than
　(5) isn't, as〔so〕, large〔big〕, as

4 (1) taller, than　(2) older, than
　(3) not, as〔so〕

解説 **1** (1)(2)(4)「…と同じくらい～」を表す as ～ as ... の「～」には形容詞・副詞の原級が入る。(3) not as ～ as ...「…ほど～でない」(5)(6) 2つのものを比べるときは Which，人を比べる場合には，ふつう Who を使う。

2 (3) y を i にかえて er をつける。(4) 子音字を重ねて er をつける。(5)～(8) 前に more をつける。

(9)(10) 不規則変化をする単語。

4 (1)「あなたはマイクより背が低い。」＝「マイクはあなたより背が高い。」

(2)「私の車はあなたのほど新しくありません。」＝「私の車はあなたのよりも古い。」

(3)「彼はあなたのお父さんより有名です。」＝「あなたのお父さんは彼ほど有名ではありません。」

🚨 誤りに気をつけよう

▶ **as ～ as の否定**

My car is **not as** large **as** yours.

My car is **not so** large **as** yours.

どちらも「私の車はあなたのほど大きくありません。」という意味の文です。「私の車はあなたのと同じくらい大きい。」という英文は My car is as large as yours. です。これを否定文にするには，as ～ as をそのままにして not をつけた My car is not as large as yours. でもいいし，not so ～ as も使えます。

Step 2　解答	p.88 ～ p.89

1 (1) well　(2) better　(3) heavier　(4) old
　(5) busy　(6) easier　(7) more　(8) more
　(9) better　(10) faster

2 (1) more, careful　(2) earlier, than
　(3) larger〔bigger〕, yours　(4) faster, than

(5) more, difficult

3 (1) My hands are warmer than yours〔your hands〕.

(2) I can cook as well as my mother.

(3) He is much taller than you.

(4) Which car does Ken like better, this one or that one? 〔Which does Ken like better, this car or that one?〕

4 (1) Which do you like better, dogs or cats?

(2) This tunnel is not as long as the last one.

(3) I am as old as Jiro.

(4) My mother is younger than yours.

(5) I am much older than your father.

5 (1) I usually go to bed earlier than my parents.

(2) When I was a child, I was taller than Tom. 〔I was taller than Tom when we were children.〕

解説 **1** (1) (4) (5) as ～ as ... の「～」には原級を入れる。(9) Which do you like better, A or B? 「AとBとではどちらのほうが好きですか。」

(1) 「私の姉〔妹〕はあなたと同じくらい上手にピアノをひきます。」

(2) 「彼はフットボールよりもテニスのほうが好きです。」

(3) 「私のかばんはあなたのより重い。」

(4) 「あなたは私の息子と同じ年齢です。」

(5) 「私は父と同じくらい忙しい。」

(6) 「この問題はあの問題よりやさしい。」

(7) 「健康はお金より大切です。」

(8) 「この花はあの花よりも美しい。」

(9) 「あなたは春と秋とではどちらのほうが好きですか。」

(10) 「兄〔弟〕は私よりも速く走ることができます。」

3 (3) 比較級を強調する表現は very ではなく，much「ずっと，かなり」を使うことに注意。

(1) 「私の手はあなたの手より温かいです。」

(2) 「私は母と同じくらい上手に料理ができます。」

(3) 「彼はあなたよりもずっと背が高い。」

(4) 「ケンはこの車とあの車ではどちらのほうが好きですか。」

📢 **誤りに気をつけよう**

▶**比較級の形**

My bag is ~~more heavy~~ than yours.
↳ **heavier**

heavy という形容詞の比較級は heavier で，more heavy は誤りです。一般的につづりが短い語の比較級はその語尾に er をつけ，長い語は more を前に置いて **more ～**のようにしますが，辞書を引いて確かめることが大切です。

18 日本で最も高い山

Step 1 解答   p.90 ～ p.91

1 (1) tallest (2) the, longest (3) the, most

(4) busiest (5) best (6) coldest

(7) earliest (8) shortest, in

(9) the, most, of

2 (1) youngest (2) smallest (3) largest

(4) earliest (5) happiest (6) most useful

(7) most difficult (8) most slowly (9) best

(10) most

3 (1) most beautiful (2) latest (3) earliest

(4) biggest (5) the best (6) longest

解説 **2** (4) (5) early と happy は y を i にかえて est をつける。(6) (7) (8) useful, difficult, slowly は前に most をつける。(9) (10) 不規則な変化をする語。good の最上級は best，much の最上級は most。

3 すべて文末に「～の中で」を表す語句があるので最上級を選ぶ。

(1) 「すべての中でどの花が最も美しいですか。」

(2) 「みんなの中で父が最も遅く帰宅しました。」

(3) 「母は家族の中でいちばん早く起きます。」

(4) 「この図書館は私たちの市でいちばん大きい。」

(5) 「彼女は彼女のクラスでいちばんよい生徒です。」

(6) 「この川は世界でいちばん長い川です。」

📢 **誤りに気をつけよう**

▶ **the か my**

Ken is one of my **best** friends.

「ケンは，私の最も仲のいい友達の 1 人です。」という意味の英文です。「best という最上級の形容詞が使われているのに the がついていない

のは誤りではないか」と思った人はいませんか。この文には my という語がありますが，**my** と **the** を同時に使うことはできません。したがって上の文は正しい文です。

Step 2　解答　　　　　　　　　　p.92 ～ p.93

1 (1) the most beautiful　(2) fastest　(3) tallest
　　(4) the most　(5) most　(6) the most
　　(7) oldest　(8) of　(9) earliest　(10) best

2 (1) better　(2) tallest　(3) best　(4) most
　　(5) fastest

3 (1) the, coldest　(2) the, best
　　(3) biggest〔largest〕, cities　(4) the, busiest, in
　　(5) Which, season, best

4 (1) トムは彼のクラスでいちばん背が高い生徒です。
　　(2) トムは彼のクラスのほかのどの生徒よりも背が高い。

5 (1) Is this the longest river in Japan?
　　(2) is one of the most beautiful mountains in the world
　　(3) August is the hottest month of the year

6 (1) It is one of the most famous books in Japan.
　　(2) I like tennis (the) best of all sports.
　　(3) February is the shortest month of the year.

解説　**1**　文末の「～の中で」を表す語句に注目する。(1)(4)(5)(6) の最上級は，形容詞の前に most をつける。(9) early「(時間帯などが) 早い」と fast「(スピードが) 速い」のちがいに注意。(10) well「上手に」の最上級は best。
(1)「彼女は 3 人の中でいちばん美しい少女です。」
(2)「あなたは私たちのチームの中でいちばん速く走ることができます。」
(3)「ケンは私たちの家族の中でいちばん背が高い。」
(4)「彼は世界で最も高価な車を持っています。」
(5)「これは最も重要な授業〔教訓〕の 1 つです。」
(6)「だれがアメリカで最も有名なバスケットボールの選手ですか。」
(7)「3 人の中でだれがいちばん年上〔高齢〕ですか。」
(8)「トムが私の兄弟の中でいちばん背が高い。」

(9)「彼は家族みんなの中でいちばん早く起きました。」
(10)「タロウは，彼のクラスでいちばん上手に英語を話すことができます。」
2 (1)「私は夏より冬が好きです。」
(2)「5 人の中でだれがいちばん背が高いですか。」
(3)「私たちのクラスの男の子全員の中で，だれがいちばんテニスが上手ですか。」
(4)「これは 3 冊の中でいちばん役に立つ辞書ですか。」
(5)「この車はすべての中でいちばん速く走ります。」
3 (3)「最も～な…の中の 1 つ」は〈one of the ＋最上級＋名詞の複数形〉で表す。
(5)「どの季節が」は Which season で文を始める。
4 (2)〈比較級＋ than any other ＋名詞の単数形〉で「ほかのどの～よりも…」の意味を表す。比較級の文であるが，意味は最上級を表す。

📺 誤りに気をつけよう

▶最上級＋ **in** または **of**
　Who is the tallest ~~in~~ the five?
　　　　　　　　　　↘ **of**

「5 人の中でいちばん背が高いのはだれですか。」という意味の英文を作るときは，「5 人の中で」は in the five ではなく of the five と表します。**in** は in Japan など「場所や範囲を表す語句(はんい)」の場合に使い，**of** は「複数の内容を表す語句」の場合に使います。

Step 3　解答　　　　　　　　　　p.94 ～ p.95

1 (1) more difficult　(2) the tallest　(3) better
　　(4) (the) fastest　(5) easier　(6) late

2 (1) Your dog isn't〔is not〕 as big as mine〔my dog〕.
　　(2) Which is warmer, April or March〔March or April〕?
　　(3) Tom can speak Japanese better than Rose.
　　(4) Who is the tallest in this class?
　　(5) Which〔What〕 subject did Mari like the best?

3 (1) 私の兄〔弟〕は私よりもずっと背が高い。
　　(2) タロウは私たちのクラスでいちばん速いランナーです〔速く走ります〕。
　　(3) マイクは彼のお父さんほど背が高くありま

せん。

(4) 彼は世界で最も有名なサッカー選手の 1 人です。

4 (解答例)・My brother is taller than my father.

・My mother gets up (the) earliest in my family.

・My sister can cook better than me.

5 (1) (例)戦争があって，生きている多くの人々はいまだに貧しいため。

(2) 日本語訳の下線部②参照。

(3) 日本語訳の下線部③参照。

解説 **2** (1)「私の犬はあなたの(犬)より大きい。」→「あなたの犬は私の(犬)ほど大きくありません。」

(2)「4 月は 3 月よりも暖かい。」→「4 月と 3 月〔3 月と 4 月〕とではどちらが暖かいですか。」

(3)「ローズはトムほど上手に日本語が話せません。」→「トムはローズよりも上手に日本語が話せます。」

(4)「マイクはこのクラスの中でいちばん背が高い。」→「だれがこのクラスの中でいちばん背が高いですか。」

(5)「マリは数学がいちばん好きでした。」→「マリはどの教科がいちばん好きでしたか。」What did Mari like the best? でもよい。

3 (1) much は比較級を強調する表現。「かなり，ずっと」という意味。(4)〈one of the ＋最上級＋名詞の複数形〉は，「最も～な…の中の 1 人」という意味。

4 父，母，兄弟姉妹を主語にして，だれがだれより背が高いか，だれがいちばん早起きか，などを比較級・最上級を使って表す。

5 (1) 直前の文に注目する。戦争があったことと，現在もいまだに貧しいということが書かれている。これをまとめればよい。

《日本語訳》

美紀 ：リック，何を読んでるの？

リック：シエラレオネに関する本を読んでるんだ。アフリカの国の名前だよ。

美紀 ：シエラレオネ？ 知らないわ。どんな国なの？

リック：戦争があって多くの人が亡くなったんだ。ほかの多くの人たちはいまだに貧しいんだ。シエラレオネでは子どもの 4 人に 1 人が 5 歳ま

で生きることができないんだ。

美紀 ：それは悲惨だわ。

リック：ぼくもそう思う。平均寿命(へいきんじゅみょう)はわずか 42 歳なんだ。②日本人はシエラレオネの人々よりもずっと長く生きるよ。

美紀 ：たくさんの国が戦争をしていたと思うわ。

リック：そうだね。カンボジアはそれらの 1 つだったんだよ。2，3 日前にカンボジアに関する本も読んだんだ。そこの子どもたちに関する本だよ。そこには彼らの写真がたくさん載っているんだ。彼らは「③あなたにとって最も重要なものは何ですか。」という質問に答えていたんだ。おもしろい答えが見つかるよ。

🚨 誤りに気をつけよう

▶ **good** か **well** か

Your camera is better than mine.

= My camera is not as ~~well~~ as yours.

↘ **good**

「あなたのカメラは私のカメラよりもよい。」という意味の文を「私のカメラはあなたのカメラほどよくない。」と書きかえようとしたものです。形容詞の **good** と副詞の **well** の比較級は，どちらも同じ **better** です。「よい」という意味から，この better は good の比較級だとわかります。したがって，as ～ as ... の文に書きかえるときの原級は good を使います。

なお，A as well as B で「B と同様に A も，B だけでなく A も」という意味にも使われます。

---

19 彼は愛されている

| Step 1 | 解答 | p.96 ～ p.97 |

1 (1) spoken (2) written (3) read (4) closed

2 (1) This song isn't〔is not〕loved by children.

(2) Spanish wasn't〔was not〕studied by many students.

(3) These cars aren't〔are not〕washed by my father.

3 (1) Is this dictionary used by many students?

(2) Was that book sold at that store?

(3) Are English and French spoken in Canada?

4 (1) is, used, by　(2) is, watched, by

　　(3) was, written, him　(4) were, taken, by

解説　**1**　受け身の文は〈be 動詞＋過去分詞〉の形。ここでは，すべて過去分詞を選ぶ問題。過去分詞は(4) closed のように過去形と同じものもあれば，(1)〜(3)のように不規則変化をする語もあるので注意。

(1)「英語は世界中で話されています。」

(2)「この物語は彼によって書かれました。」

(3)「この本はたくさんの人々に読まれていますか。」

(4)「今日はすべての店が閉められています。」

2　受け身の否定文は，be 動詞のあとに not を置く。

(1)「この歌は子どもたちによって愛されていません。」

(2)「スペイン語は多くの生徒たちによって勉強されていませんでした。」

(3)「これらの車は私の父によって洗われません。」

3　受け身の疑問文は，be 動詞を主語の前に置く。

(1)「この辞書は多くの生徒たちによって使われていますか。」

(2)「あの本はあの店で売られていましたか。」

(3)「カナダでは英語とフランス語が話されていますか。」

4　(3) by のあとの代名詞は，目的格にする。

(1)「私の母はこの部屋を使います。」＝「この部屋は私の母によって使われます。」

(2)「多くの人々はテレビを見ます。」＝「テレビは多くの人々によって見られます。」

(3)「彼はこの物語を書きました。」＝「この物語は彼によって書かれました。」

(4)「父がこれらの写真を撮りました。」＝「これらの写真は父によって撮られました。」

🔔 誤りに気をつけよう

▶ **read の不規則変化**

Is this book ~~readed~~ by many people?
　　　　　　　read

「この本は多くの人々に読まれていますか。」という意味の英文にするとき，read を過去分詞にします。read は **read－read－read** と変化し，readed という形はありません。このように形はかわりませんが，**発音**はかわります。原形のときは [riːd] ですが，過去形および過去分詞は [red] と発音しますから注意しましょう。

Step 2　解答　　　　　　　　p.98 ～ p.99

1 (1) was　(2) were, surprised

　　(3) was, opened　(4) Was, bought

　　(5) be, seen　(6) is, spoken

2 (1) is, loved　(2) was, written　(3) written

　　(4) spoken　(5) is, loved

　　(6) was, made, her　(7) known, to

　　(8) covered, with

3 (1) This was invented by Edison.

　　(2) Spanish is spoken here.

　　(3) This room was cleaned yesterday.

　　(4) These books were read by Mary.

　　(5) What time is this library closed?

4 (1) 私の兄〔弟〕は新しいくつを気に入っています。

　　(2) その歌手は世界中の多くの人々に知られています。

　　(3) 紙は木から作られます。

　　(4) あなたはこのスポーツに興味がありますか。

　　(5) 私たちは大きな音にとても驚きました。

解説　**1**　(2)「～に驚く」be surprised at ～。(5) 助動詞 can がなければ，are seen であるが，can のあとは動詞の原形がつづくので，can be seen にする。

2　(2)(3)(6) 元の文が過去の文なので，受け身の文でも be 動詞は過去形 was，were を使う。(7)(8) by ～以外を使う受け身の形。

(1)「若い人々はその音楽が大好きです。」＝「その音楽は若い人々に愛されています。」

(2)「彼女がこの手紙を書きました。」＝「この手紙は彼女によって書かれました。」

(3)「これは本です。デイビスさんがそれを書きました。」＝「この本はデイビスさんによって書かれました。」

(4)「オーストラリアでは英語を話します。」＝「英語がオーストラリアでは話されています。」

(5)「彼の家族のみんながその犬を愛しています。」＝「その犬は彼の家族のみんなから愛されています。」

(6)「彼女は昨日その人形を作りました。」＝「その人形は昨日彼女によって作られました。」

(7)「だれもがその野球選手を知っています。」＝「その野球選手はみんなに知られています。」

(8)「昨夜，雪が地面をおおいました。」＝「昨夜，地面は

雪でおおわれていました。」

3 (1)「エジソンがこれを発明しました。」→「これはエジソンによって発明されました。」

(2) they が一般的な人々を表す場合，受け身の文にするときは，by them が省略される。「ここではスペイン語を話します。」→「ここではスペイン語が話されています。」

(3) 受け身の文を過去の文にするときは be 動詞を過去形にする。過去分詞はそのままの形で変化しない。「この部屋は毎日掃除されます。」→「この部屋は昨日掃除されました。」

(4) 3人称単数の主語 Mary に対して read とつづくので，過去の文であることに注意。Mary reads these books. であれば，現在の文。
「メアリーはこれらの本を読みました。」→「これらの本はメアリーによって読まれました。」

(5) 時刻をたずねるので，What time で文を始めて，あとに受け身形の疑問文の語順を続ける。「この図書館は5時に閉まります。」→「この図書館は**何時に閉まりますか**。」

4 (1) be pleased with ～「～を気に入っている」

(2) be known to ～「～に知られている」

(3) be made from ～「～(原料)から作られる〔～でできている〕」

(4) be interested in ～「～に興味がある」

(5) be surprised at ～「～に驚く」

🚨 誤りに気をつけよう

▶ **by ～ の省略**

They speak Spanish here.

→ Spanish is spoken here.

　受け身の文に書きかえる問題です。受け身の文にするときは，行為者を表す by ～を文末につけます。この問題では They を目的格にして by them として文末につけたいところですが，省略されています。行為者が一般の人や不特定多数の人の場合は **by ～を示さない**のがふつうです。同じように下の文も by us が省略されています。

Japanese is spoken in Japan.

Step 3　解答　　　　p.100 ～ p.101

1 (1) at　(2) read　(3) in　(4) with　(5) to

2 (1) The house was built twenty years ago.

---

(2) This car is made in Germany.

(3) Is English spoken in Australia?

3 (1) spoken, by　(2) were, built

(3) taken, her　(4) Was, written

(5) Was, painted, her

4 (1) was, found　(2) was, written, by

5 (1) この鳥は英語で何と呼ばれていますか。

(2) What language is spoken in China?

6 (1) ① were seen　② were caught

③ were broken

(2) 日本語訳の下線部参照。

解説 **2** 「～されている」と受け身の文なので下線部の動詞を過去分詞にする。

(2)「ドイツ製」→「ドイツで作られている」と考える。

(3) 受け身形の疑問文は〈be 動詞＋主語＋過去分詞 ～?〉の語順。

3 (1)「多くのオーストラリア人が日本語を話しますか。」＝「日本語は多くのオーストラリア人に話されていますか。」

(2)「彼らはこれらの橋をいつ作りましたか。」＝「これらの橋はいつ作られましたか。」

(3)「彼女がこの写真を撮りましたか。」＝「この写真は彼女によって撮られましたか。」

(4)「彼がこの手紙を書きましたか。」＝「この手紙は彼によって書かれましたか。」

(5)「彼女がその絵を描きましたか。」＝「その絵は彼女によって描かれましたか。」

6 《日本語訳》

　皆さんは動物が好きですか。私は動物が好きです。今日はニホンカワウソについてお話をしたいと思います。よく聞いてください。

　ニホンカワウソはかつて日本中に生息していました。しかし，1948年には四国のほんの一部にしか見られませんでした。彼らは毛皮のコートや薬を作るために捕獲されました。彼らはふつう，川辺に生息し，魚をえさにしています。しかし，川はかわりました。人々が川沿いに新しい道や堤防を作ったので，彼らの住みかが壊されたのです。川は汚れ，ニホンカワウソは簡単に魚を見つけることができませんでした。今日，数頭のニホンカワウソがまだ四国に生息していると信じている人もいます。なぜならば1996年に，その足跡が発見されたからです。

　動物の中には死滅しつつあるものもいます。もし

彼らが死滅すれば，私たちはもう二度とこの地球上で彼らを見ることはできないのです。中には，すでにそのような動物を救うことを始めた人もいます。しかし，世界中のもっと多くの人々が，彼らを救うために何かをしなければならないのです。

┌─────────────────────────────┐
│ 🚨 誤りに気をつけよう │
└─────────────────────────────┘

▶ **by ＋目的格**

Was this picture taken by ~~she~~?
↳ **her**

「この写真は彼女によって撮られましたか。」という意味の文にしようとしたものです。**by の
あとは目的格**がきますから，by she ではなく by her とします。なお人名の場合は，主語に使われるときも目的語に使われるときもその形はかわりません。下の例で確かめてください。

Mary took this picture.
→ This picture was taken by **Mary**.

20 ずっとここに住んでいる

Step 1 解答	p.102 ～ p.103

1 (1) has written　(2) have stayed
　(3) have seen　(4) for

2 (1) has, been　(2) just, finished
　(3) eaten〔had〕, yet

3 (1) We haven't〔have not〕heard from him for three years.
　(2) Ayaka hasn't〔has not, has never〕been abroad.

4 (1) Have you known him since he was a child? / Yes, I〔we〕have.
　(2) Has she been busy for a week? / No, she hasn't〔has not〕.

5 (1) just　(2) since　(3) never　(4) ever
　(5) yet

解説 **1** 現在完了の文は〈have〔has〕＋過去分詞〉
の形で表す。主語によって have, has を使いわける。
(1)(3)は「～したことがある」の意味の経験用法，
(2)(4)は「（ずっと）～している」の意味の継続用法
である。(3) before「以前に」。(4) for「～の間」，
since「～からずっと，～以来」。

2 (1) は経験用法，(2)(3)は「（現在までに）～してし

まった」の意味の完了・結果用法である。

3 現在完了の否定文は，have〔has〕のあとに not を置く。

(1)「私たちは3年間彼から便りがありません。」

(2)「アヤカは外国に行ったことがありません。」

4 現在完了の疑問文は，Have〔Has〕を主語の前に置き，〈Yes, 主語 ＋ have〔has〕.〉または〈No, 主語 ＋ haven't〔hasn't〕.〉で答える。

(1)「あなた（たち）は彼を子どものころからずっと知っていますか。」「はい，知っています。」

(2)「彼女は1週間ずっと忙しかったですか。」「いいえ，忙しくありませんでした。」

5 (1)「私たちはちょうど夕食を食べたところです。」

(2)「ジェーンは先週からずっと私たちの家に泊まっています。」

(3)「私はそのような美しい海を見たことがありません。」

(4)「あなたはこれまでに富士山に登ったことがありますか。」

(5)「私の姉〔妹〕は宿題をまだしていません。」

┌─────────────────────────────┐
│ 🚨 誤りに気をつけよう │
└─────────────────────────────┘

▶ **since か for か**

Jane has stayed with us ~~for~~ last week.
↳ **since**

「ジェーンは先週から私たちの家に滞在しています。」と言うときは，for last week ではなく since last week とします。**since のあとには起点となるもの**（たとえば last year, 1990 など）が，**for のあとには期間を表すもの**（たとえば ten years, a month など）がきます。

　現在完了とは：下の図の斜線部分における「継続・経験・完了」を表すときに用います。過去の話を交えながら現在の話をするときに使う用法といえます。

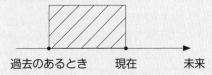

過去のあるとき　　現在　　　未来

Step 2 解答	p.104 ～ p.105

1 (1) read　(2) lived　(3) seen　(4) been
　(5) written　(6) just　(7) for　(8) ever

(9) since　(10) long

2 (1) has, been　(2) never　(3) been, busy

(4) just　(5) How, long, have

3 (1) have just finished breakfast

(2) have known your father for twenty years

(3) have been to America five times

(4) has not seen his uncle for a long time

(5) Have you ever climbed Mt. Fuji?

(6) How many times has she been to Canada?

4 (1) My father has just washed his car.

(2) I haven't〔have not〕finished my homework yet.

(3) I have never seen a real panda.

(4) How many times〔How often〕has Ms. White visited Kyoto?

(5) Where have they lived since 2000?

解説 **1** (1)「私はすでにあなたの手紙を読みました。」

(2)「私たちはアメリカに 2 年間住んでいます。」

(3)「あなたはこれまでにそんなかわいい花を見たことがありますか。」

(4)「彼女は日本に何年もいるのですか。」

(5)「私はまだ手紙を書いていません。」

(6)「私の父はちょうど風呂に入ったところです。」

(7)「トムは日本に 10 年間います。」

(8)「あなたはこれまでにその女性に会ったことがありますか。」

(9)「私たちは 1995 年からおたがいに知り合いです。」

(10)「彼はここにどのくらい滞在しているのですか。」

2 (2) never「1 度も〜ない」, (4) just「ちょうど〜」, (5) How long 〜?「どのくらいの期間〜?」

3 (2)「私はあなたのお父さんのことを 20 年間知っています。」と考える。(3)「〜回」は〜 times, (6)「何回〜?」は How many times 〜? で表す。

4 (1)「私の父は車を洗っています。」→「私の父は車をちょうど洗ったところです。」

(2) already は否定文では yet「まだ」にかえて, 文末に置く。「私はすでに宿題を終えました。」→「私はまだ宿題を終えていません。」

(3)「私は実物のパンダを見ました。」→「私は実物のパンダを一度も見たことがありません。」

---

(4) 経験回数をたずねる文にする。「ホワイトさんは京都を 2 回訪れたことがあります。」→「ホワイトさんは**何回**京都を訪れたことがありますか。」

(5)「彼らは 2000 年から, <u>ハワイ</u>に住んでいます。」→「彼らは 2000 年から**どこに**住んでいますか。」

> ☎ 誤りに気をつけよう
>
> ▶現在完了と過去
>
> "Have you ever climbed Mt. Fuji?"
>
> "Yes, I have. I ~~have climbed~~ it two years ago."　→ **climbed**
>
> 現在完了は, two years ago(2 年前)という過去を表す語句といっしょに使うことはできません。したがって, I **climbed** it two years ago. と, 過去の文にします。

Step 3　解答　　p.106 〜 p.107

1 (1) ウ　(2) エ　(3) ア

2 (1) Have, been　(2) heard, yet

(3) have, for　(4) many, times　(5) stopped

3 (1) have, been　(2) has, been, since

(3) have, been〔lived, stayed〕, for

(4) been〔stayed〕, since

4 (解答例)(1) Have you ever been to Japan (before)?

(2) How long have you been〔stayed〕in Japan?

(3) I have never talked to〔with〕a foreigner (before).

5 (1) month

(2) I have never visited a nursing home

(3) 日本語訳の下線部参照。

解説 **1** (1) 文末に期間を表す for a week があることと, 空所のあとの in に注目する。「私の兄〔弟〕は 1 週間韓国にいます。」

(2) 答えの文が came here と過去の文であることに注目して, 過去を表す語句を選ぶ。*A*「あなたはここ日本にどのくらいいますか。」*B*「私はここに <u>1 か月前</u>に来ました。」

(3) How long 〜? は「どのくらい〜」と期間をたずねる表現。現在完了の継続用法と組み合わせることで「どのくらいの期間〜していますか。」＝「いつから〜

36

していますか。」という意味を表す。A「あなたは岩手にどのくらいいますか。」B「私は生まれたとき**か**らここにいます。」

3 (1)「私は先週病気でした。私は今でもまだ病気です。」=「私は先週からずっと病気です。」

(2)「母は今朝忙しかった。彼女は今もまだ忙しい。」=「母は今朝からずっと忙しい。」

(3)「私は5年前東京に来ました。私は今東京にいます。」=「私は5年間ずっと東京に(住んで〔滞在して〕)います。」

(4)「加藤さんはこの前の日曜日に大阪へ行きました。彼は今もまだそこにいます。」=「加藤さんはこの前の日曜日からずっと大阪にいます。」

4 (1) 経験用法の have been to ～「～に行ったことがある」を使って表す。

(2)「日本にどれくらい(ずっと)いるのか」と考えて,継続用法の現在完了で表す。

(3) never「一度も～ない」を使って,現在完了で表す。

5 《日本語訳》

ジェーン:今度の土曜日は何をするの?

みどり:友達といっしょに老人ホームに行くつもりよ。

ジェーン:本当?

みどり:そうよ。私たちは毎月第2土曜日にホームを訪ねるの。

ジェーン:そこで何をするの?

みどり:いろんなことをするわ。たとえば,お年寄りの人たちとお話をしたり,昼食時間にお手伝いをしたり。

ジェーン:私は日本の老人ホームを訪れたことは一度もないわ。老人ホーム訪問はいつ始めたの?

みどり:1年ほど前よ。お年寄りの人たちのお手伝いをしてあげると,感謝してくれたわ。とってもいい気持ちだった。そのとき以来,私は10回ホームを訪ねたわ。

📺 誤りに気をつけよう

▶ **never** の使い方

I have̶n̶'̶t̶ never read such an interesting story. **have**

「私はこんなにおもしろい物語を読んだことはありません。」という意味の文にしたいようですが,これは誤りです。never「一度も～ない」は,

それ自体が否定の意味を表す副詞です。したがって,haven't ではなく have とともに使います。

会話表現 ❸

解答 p.108～p.109

1 (1) ア (2) イ (3) ①エ ②ウ

2 (1) about, going (2) have, cold
(3) Will〔Would, Can, Could〕, you
(4) well〔good, fine〕, too

3 (1) 今日の午後,外出しませんか〔外出したいですか〕。
(2) 今夜,(私と)いっしょに夕食を食べませんか。
(3) 今日はこの薬を飲んで,休んでください。

4 (1) Shall I lend you my dictionary?〔Shall I lend my dictionary to you?〕
(2) Will〔Would, Can, Could〕 you tell me your name(, please)?
(3) You should see〔go to〕 a doctor.

5 (1) ①Can〔Could, Will, Would〕, you, help, me
③ you, like, to
(2) Why don't we meet at the library

解説 病気や体調をたずねたり,相手を誘ったり意見を提案したりするときによく使う表現を覚えておこう。

1 (1) A「次の日曜日,あなたはひまですか。2枚の野球の試合のチケットがあります。」B「わあ! それはいいですね。あなたといっしょに行ってもいいですか。」

(2) A「手伝いましょうか。」B「ありがとう。この机は重すぎます。」

(3) A「いっしょに昼食を食べませんか。」B「悪いけど,今日は昼食を食べたくありません。」A「どうしたのですか。」B「具合が悪いです。もう家に帰ろうと思います。」A「それはいけませんね。医者に行ったほうがいいですよ。」

2 (1)「～するのはどうですか」は How about ～ing? でたずねる。(3) Will〔Can〕 you ～? 「～してくれませんか。」は,相手に依頼する表現。Would〔Could〕 you ～ (, please)? 「～してくださいませんか。」と

いう，ていねいに依頼する表現を使ってもよい。

3 (1) Would you like to ～?「～したいですか〔～しませんか〕。」は Will〔Can〕you ～? や Do you want to ～? よりもていねいな勧誘の表現。(2) Why don't you ～?「～しませんか。」も勧誘の表現。(3) take this medicine「この薬を飲む」。

4 (1)「(私が)～しましょうか。」と相手に提案を申し出るときは，Shall I ～? で表す。(2)「～してくれませんか」は Will〔Can〕you ～? で表す。Would〔Could〕you ～(, please)? という，ていねいな表現を使ってもよい。(3)「医者にみてもらう」は see a doctor，または「医者に行く」＝ go to a doctor で表してもよい。

5 《日本語訳》

トム：もしもし，サキ。こちらはトムです。

サキ：ああ，トム。どうしたの？

トム：テストのために，日本語を勉強しているところです。ぼくを手伝ってくれませんか。明日，時間はありますか。

サキ：ごめん，明日は忙しいの。火曜日はどう？

トム：あなたは火曜日にテニス部がありますよね？

サキ：でも，今週は部活動がないの。

トム：わかりました。火曜日の4時に図書館で待ち合わせしませんか。

サキ：いいわね。金曜日に時間があったら，いっしょにテニスをしませんか。

トム：よろこんで。

サキ：よかった。待ちきれないわ。

🚨 誤りに気をつけよう

▶ **Will you ～? と Shall I ～?**

~~Will you help me?~~ — Thank you.

　↘ **Shall I help you?**

「手伝ってくれませんか。」「ありがとう。」という会話はちぐはぐですね。助動詞を使った表現はその意味をしっかり把握しておきましょう。そのときに you を使っているのか I を使っているのかも覚えるポイントになります。Will you ～? は「(あなたが) ～してくれませんか。」，Shall I ～? は「(私が) ～しましょうか。」という意味で，それぞれに対する答え方も覚えておきましょう。ほかに May I ～? は「(私は) ～してもいいですか。」の意味です。

総仕上げテスト

解答 p.110 〜 p.112

❶ (1) cooks　(2) were　(3) makes　(4) to study
　(5) the most

❷ (1) way　(2) listen　(3) each　(4) vacation

❸ (1) Which sport do you like better
　(2) to call you very late

❹ (1) ウ　(2) ウ

❺ (1) ①エ　②ア
　(2) ⓐ May〔Can〕　ⓑ When　ⓒ for

❻ (1) ① heard　③ looking　④ left
　(2) (例) 縄文杉が樹齢約3000年であるということ。
　(3) (例) I enjoyed reading your e-mail yesterday.
　(4) have〔need〕to　(5) Yes, he does.

解説 **❶** (1)「父は土曜日に夕食を作ります。私たちは彼の料理が大好きです。」

(2)「両親が家に帰ってきたとき，兄〔弟〕と私は窓を掃除していました。」

(3) make A B「AをBにする」「この絵〔写真〕のハンバーガーは本物に見えます。それを見ると私はおなかがすきます〔それは私を空腹にさせます〕。」

(4)「カズオは英語を勉強するためにオーストラリアへ行きました。」

(5)「私はサッカーはすべてのスポーツの中で最もわくわくすると思います。」

❷ (1) A「市民病院へ行く道を教えていただけませんか。」

B「いいですよ。まっすぐ行くと左手に見えます。」

(2) A「どんな種類の音楽が好きですか。」

B「ロック音楽が大好きです。毎日家でそれを聞いています。」

(3) A「あなたとジムはお友だちですよね？」

B「はい。私たちはおたがいをよく知っています。」

(4) A「夏休みはどう過ごしましたか。」

B「家族といっしょに沖縄を訪れました。私たちはたくさん泳ぎました。」

❸ (1) A「野球とバスケットボールとではどちらのスポーツのほうが好きですか。」

B「バスケットボールです。」

(2) A「夜とても遅い時間に電話をしてすみません。」

B「いいですよ。本を読んでいただけですから。」

❹ (1) *A*「もう寝ていい？」

B「いいわよ。でも，まず歯をみがかなければいけませんよ。」

A「もうすませたよ。」

(2) *A*「放課後にバスケットボールをするのはどうですか。」

B「ええ，ぜひ。」

❺ 《日本語訳》

タクヤ：ぼくたちは学校新聞で先生のことを書きたいのですが。いくつか質問していいですか。

ホワイト先生：いいですよ。何でも聞いてください。

タクヤ：先生は日本語を上手に話すことができますね。いつ日本語を勉強し始めたのですか。

ホワイト先生：外国語指導助手として日本に来た3年前に勉強し始めました。

タクヤ：へえ，どうやって勉強したのですか。

ホワイト先生：日本語の本とCDをいくつか買いましたよ，そして毎日2時間勉強しました。私を助けてくれた先生もいました。たとえば，放課後日本語で私と話してくれました。

タクヤ：なるほど。お国では何をするつもりですか。

ホワイト先生：高校で理科を教えるつもりです。

タクヤ：いいですね。

❻ (1) ① Have you ever とあるので，現在完了の文。hear を過去分詞 heard にする。③直前に was があることから，過去進行形か受け身の文と考える。「〜を見ていた」という意味から過去進行形の文。ing 形にする。④ and の前半に合わせて過去の文にする。leave の過去形は left。

(3) 「〜するのを楽しむ」＝ enjoy 〜ing

(4) 「〜しなければならない」＝ have to 〜

《日本語訳》

　やあ，ビル。ぼくは先月，家族といっしょに屋久島を訪れました。屋久島は大きな古い木があることで有名です。旅行でいくつか見ました。これまでに縄文杉（じょうもんすぎ）という木のことを聞いたことがありますか。縄文杉は樹齢が約3,000年だと言う人もいます。ぼくはそれを知って驚きました。ぼくは初めてその木を見たとき，言葉が出ませんでした。静かにその木を見ていました。その木にさようならを言っただけでその場所を離れました。ぼくはその木の生命が永遠に続けばいいと思います。

　やあ，シン。ぼくは，昨日きみのEメールを読むのを楽しんだよ。いつか縄文杉を見てみたいなあ。オーストラリアにも素晴らしい自然があるんだよ。グレートバリアリーフを知ってる？　そこではたくさんの美しいサンゴ礁（しょう）を見ることができるんだ。

　でも，サンゴ礁には問題があるんだ。今，サンゴ礁の一部が枯（か）れつつある。海がだんだん温かくなっているからサンゴ礁が枯れつつあると言う科学者もいるよ。それに対してぼくたちが何もしなかったらサンゴ礁は近いうちに死んでしまうかもしれない。ぼくたちは美しい自然を保護しなければならないね。ぼくたちはそのことをもっと真剣（しんけん）に考え始めるべきだ。

> ### 🚨 誤りに気をつけよう
>
> ▶進行形か受け身形か
>
> I was (look) at the tree quietly.
>
> ~~looked~~ → looking
>
> 　英文の中にある look を語形変化させる問題です。直前に過去の be 動詞があることから，過去進行形〈was〔were〕＋動詞の ing 形〉か受け身形〈be 動詞＋過去分詞〉のどちらかと考えます。「私」はその木を初めて見たときのことを述べているので，「見ていた」と過去進行形にするのが正しいとわかります。